Josef Tropper • Akkadisch für Hebraisten und Semitisten

HESED

Hebraica et Semitica Didactica

3

Herausgegeben von

Martin Rösel (Rostock)

und

Josef Tropper (Berlin)

Akkadisch

für Hebraisten und Semitisten

von

Josef Tropper

unter Mitarbeit von

Juni Hoppe

hartmut spenner kamen 2011

Bibliografische Information der Deutschen Bibliothek

Die Deutsche Bibliothek verzeichnet diese Publikation in der Deutschen Nationalbibliografie; detaillierte bibliografische Daten sind im Internet über http://dnb.ddb.de abrufbar.

Der Text wurde von den Autoren
als reprofähiges Dokument zur Verfügung gestellt.

Verlag Hartmut Spenner
Herbert-Wehner-Str. 2, 59174 Kamen
www.hartmutspenner.de

ISBN 978-3-89991-118-3

Printed in Germany 2011

Vorwort

Das vorliegende Lehrbuch wurde von J. Tropper unter Anlehnung an Walter Sommerfelds deutscher Übersetzung von R. Caplice, *Introduction to Akkadian* (Rom [3]1988) erstellt. Es richtet sich in erster Linie an Studierende, die bereits eine semitische Sprache erlernt haben, insbesondere an Studierende mit Kenntnissen des Biblischen Hebräisch. Es lässt sich aber auch ohne Vorkenntnisse einer semitischen Sprache mit Gewinn benutzen.

Das Buch ist konzipiert für einen einsemestrigen Akkadisch-Kurs mit 2 - 4 Semesterwochenstunden. Es führt in 14 Lektionen in die altbabylonische Schriftsprache ein, ohne die Keilschrift zu behandeln. Lektion 14 enthält ferner einen Exkurs zum Jungbabylonischen, der Schriftsprache des 1. Jahrtausends. Lektion 15 stellt das sogenannte Kanaano-Akkadische vor, die akkadisch-kanaanäische Mischsprache der Amarnabriefe aus Kanaan. Die Lektionen 1-14 enthalten jeweils ein Lernvokabular sowie zahlreiche Übungssätze und kommentierte Lektüretexte unterschiedlicher Gattungen (auch epische Texte). Eine umfangreiche Liste von Logogrammen, eine Auflistung der Determinative, ein akkadisch-deutsches Gesamtglossar und Übersichtsparadigmen zum starken Verb beschließen das Buch. Aufgrund der einfachen und klaren Präsentation des Stoffes, der umfangreichen Übungssektionen und der beigefügten Hilfsmittel ist das Buch hervorragend auch für ein Selbststudium geeignet.

Das Buch profitiert von vielen hilfreichen Bemerkungen von Walter Sommerfeld (Marburg) und John Huehnergard (Austin, Texas). Das Manuskript zum Buch wurde in einem Akkadisch-Kurs im Sommersemester 2010 im Unterricht praktisch erprobt. Juni Hoppe hat das gesamte Manuskript kritisch durchgesehen und das Buch-Layout erstellt. Daniel Nicolae (Oxford) hat das Cover entworfen und zahlreiche technische Hilfestellungen geleistet.

Berlin, im Januar 2011 Josef Tropper

Inhaltsverzeichnis

Detailliertes Inhaltsverzeichnis

LEKTION 1

Einführung in Sprache und Schrift

1.1 *Die akkadische Sprache*

Das Akkadische (abgekürzt: Akkad. oder Akk.) ist eine frühe semitische Sprache und als solche verwandt mit anderen Sprachen dieser Gruppe, namentlich Kanaanäisch (Hebräisch, Phönizisch), Aramäisch, Arabisch, Südarabisch und Äthiopisch-Semitisch. Alle diese letzteren Sprachen werden als westsemitisch klassifiziert, das Akkadische dagegen als ostsemitisch.

Das Akkadische ist im Zweistromland (Mesopotamien) zwischen Euphrat und Tigris ab etwa 2600 v. Chr. bis ins ausgehende 1. Jahrtausend v. Chr. durchgehend schriftlich bezeugt. Ferner gibt es vereinzelte Texte auch aus späterer Zeit (100 n. Chr.). Die Bezeichnung „akkadisch" leitet sich ab von dem Namen der Stadt Akkad(e). Sie wurde von Sargon von Akkad zum Zentrum eines Großreiches erhoben (ca. 2340 v. Chr.). Das Akkadische war über Jahrhunderte dem Einfluss des Sumerischen ausgesetzt. Das Sumerische ist eine nicht-semitische, isolierte Sprache, die bis etwa 1700 v. Chr. in Südmesopotamien gesprochen wurde.

Es gibt zumindest ab etwa 2100 zwei deutlich verschiedene Hauptdialekte des Akkadischen: *Babylonisch* (benannt nach Babylon) im Süden und *Assyrisch* (benannt nach Assyrien /Assur) im Norden des Zweistromlandes. Die Dialekte und ihre Benennung im Einzelnen (prägen Sie sich auch die Abkürzungen ein):

Altakkadisch (aAK) 2600 - 1950

Altbabylonisch (aB)
1950 - 1530

Altassyrisch (aA)
1950 - 1750

Mittelbabylonisch (mB)
1530 - 1000

Mittelassyrisch (mA)
1500 - 1000

Jungbabylonisch (jB), ab 1500
(Engl.: *Standard Babylonian* [SB])

Neubabylonisch (nB)
1000 - 625

Neuassyrisch (nA)
1000 - 600

Spätbabylonisch (spB)
ab 625

Das vorliegende Lehrbuch hat das altbabylonische Akkadisch (die Schriftsprache während der 1. Dynastie von Babylon) zum Thema, das als die klassische Sprachstufe des Akkadischen gilt. Das jüngere Jungbabylonische (englisch: „Standard Babylonian"), die literarische Sprache, z. B. der Epik, des 1. Jahrtausends, orientiert sich an dem Vorbild des Altbabylonischen (Näheres dazu → 14.2). Altbabylonisch ist typologisch gesehen deutlich innovativer als das etwa zeitgleiche Altassyrische.

Inzwischen wird auch die Sprache des antiken Ebla in Zentralsyrien, das Eblaitische (2400 - 2240 v. Chr.), als mit dem Akkadischen eng verwandte ostsemitische Sprache betrachtet. Einige Forscher betrachten das Eblaitische sogar als akkadischen Dialekt (neben Babylonisch und Assyrisch). Die Sprache von Mari (am Euphrat, heute Syrien) ist ein Sonderdialekt des Altbabylonischen.

1.2 *Die wichtigsten Hilfsmittel der Akkadistik*

Wörterbücher:

- W. von Soden, *Akkadisches Handwörterbuch*, Wiesbaden 1965-1981 (= *AHw.*).
- *Chicago Assyrian Dictionary of the University of Chicago* (= *CAD*).
- J. Black, A. George und N. Postgate, *A Concise Dictionary of Akkadian*, Wiesbaden 2000² (= *CDA*; beruht auf von Sodens *AHw.*).

Grammatiken:

- W. von Soden, *Grundriss der akkadischen Grammatik* (Analecta Orientalia 33), Rom ³1995 (= GAG).
- G. Buccellati, *A Structural Grammar of Babylonian*, Wiesbaden 1996.

Ausgewählte Lehrbücher:

- K. K. Riemschneider, *Lehrbuch des Akkadischen*, Leipzig ⁶1992.
- R. Caplice, *Introduction to Akkadian*, Rom ³1988.

- J. Huehnergard, *A Grammar of Akkadian* (Harvard Semitic Studies 45), Atlanta, Georgia [2]2005.
- Fl. Malbran-Labat, *Manuel de langue akkadienne*, Louvain-la-Neuve 2001.

Zeichenlisten und anderes:

- R. Borger, *Mesopotamisches Zeichenlexikon* (Alter Orient und Altes Testament 305), Münster 2003 (= *MZl*).
- R. Labat, *Manuel d'Épigraphie Akkadienne,* Paris [6]1995 (= *MEA*).
- R. Borger, *Handbuch der Keilschriftliteratur*, Berlin 1967-1975 (= *HKL*).
- R. Borger, *Babylonisch-assyrische Lesestücke*, 2 Bde., 3. revidierte Aufl., 2006 (= *BAL*).
- *Reallexikon der Assyriologie* (= *RlA*).
- *Tübinger Atlas des Vorderen Orients* (= *TAVO*).
- W. von Soden, *Einführung in die Altorientalistik*, Darmstadt [2]1992.
- J. M. Sasson (ed.), *Civilizations of the Ancient Near East*, Peabody, Mass. 2000.
- Michael P. Streck, *Sprachen des Alten Orients*, Darmstadt 2005.

1.3 Das Schriftsystem

1.3.1 Grundprinzipien

Akkadische Texte wurden auf Tontafeln mit Hilfe der von den Sumerern übernommenen Keilschrift geschrieben, die ursprünglich eine reine Wortschrift war. Im akkadischen Kulturraum wurde sie zu einer voll ausgebildeten Silbenschrift weiterentwickelt. Das formale Grundelement dieser Schrift ist der Keil, der durch das Eindrücken des Schreibgriffels in die noch weiche Tontafel entsteht.

Es gibt vier Grundformen von Keilen: waagerechte, diagonale (zwei Richtungen), Winkelhaken und senkrechte Keile. Die Ordnung der Zeichen in den modernen Zeichenlisten – etwa R. Borger, *Mesopotamisches Zeichenlexikon* – erfolgt nach den neuassyrischen Formentypen, beginnend mit einem waagerechten Keil bis hin zu komplexen Formen, die mit mehreren Senkrechten einsetzen.

Schriftzeichen bestehen aus einem einzigen Keil oder aus einer Kombination von zwei oder mehreren Keilen. Funktional sind vier Typen zu unterscheiden:

1. Wortzeichen (= Logogramme bzw. Sumerogramme),
2. Silbenzeichen (= Syllabogramme),
3. Determinative,
4. phonetische Komplemente.

Wortzeichen (**1**) stehen für ein ganzes Wort, und zwar an sich für ein sumerisches Wort (sie bildeten ursprünglich auch den betreffenden Begriff bildlich ab — später ging die Bildform verloren). In der wissenschaftlichen Umschrift wird gewöhnlich die sumerische Wortform in Großbuchstaben umschrieben und so gelesen. Alternativ kann stattdessen die entsprechende akkadische Wortform — in der Umschrift klein und kursiv — gelesen werden (man geht davon aus, dass die Babylonier und Assyrer selbst es so gemacht haben).

LUGAL = *šarrum* „König"; alternative Umschrift: *šarrum*(LUGAL)
GAL = *rabûm* „groß"; alternative Umschrift: *rabûm*(GAL)

Silbenzeichen (**2**): Ausgehend von seinem Lautwert kann ein Wortzeichen auch rein phonetisch verwendet werden. So steht etwa das Wortzeichen GAL („groß") für die Lautwerte /gal/, /kal/ und /qal/ und kann auch dafür eingesetzt werden, um das akkadische Wortformen zu schreiben, die ein Silbe *g/k/qal* enthalten.

Stehen für eine Silbe mehrere (homophone) Zeichen nebeneinander zur Verfügung, werden sie in der Umschrift zur Unterscheidung durchnummeriert. Die Reihenfolge richtet sich dabei in etwa nach der statistischen Häufigkeit eines Zeichens (im neuassyrischen Textkorpus). Die Art der Nummerierung sieht — am Beispiel der Silbe /u/ — wie folgt aus:

u (*oder* u_1)
ú *oder* u_2
ù *oder* u_3
u_4, u_5, u_6 (etc.)

Diese Differenzierung geht darauf zurück, dass im Sumerischen in der Regel gleich oder ähnlich lautende Lexeme mit unterschiedlichen Zeichen wiedergegeben wurden (zum Beispiel: u „Zahl 10", ú „Pflanze, Gras", ù „und", u_4 „Tag, hell", u_5 „reiten, fahren").

Gewisse Schriftzeichen dienen nur dazu, die semantische Kategorie, zu der ein Wort gehört (z. B. Mensch, Gottheit, Stadt, Land, Fluss, Pflanze) zu bezeichnen. Man nennt sie Determinative (**3**). Sie werden überwiegend vor, seltener nach dem betreffenden Wort gesetzt, das sie kategorisieren. In der Aussprache bleiben sie unberücksichtigt. In der wissenschaftlichen Umschrift (Transliteration) werden Determinative in Kleinbuchstaben (und nicht-kursiv) hochgesetzt. Die Determinative dingir (abgekürzt: ^{d}) „Gott“ und uru „Stadt“ entscheiden beispielsweise, ob die Gottheit oder die Stadt Namens Aššur gemeint ist:

^{d}*Aššur*	der Gott Aššur
^{uru}*Aššur*	die Stadt Aššur.

Phonetische Komplemente (**4**) können zu einem Wortzeichen hinzugefügt werden, um seine Lesung genauer festzulegen. Beispielsweise steht das Wortzeichen AN (ohne phonetisches Komplement) gewöhnlich für sumerisch dingir = akkadisch *ilum* „Gott“. Es kann aber auch den Begriff für Himmel meinen, nämlich akkadisch *šamû*. In diesem Fall schreibt man in der Regel AN-*ú*, wobei *ú* (in der Umschrift kursiv) den Auslautvokal des akkadischen Wortes bezeichnet: AN-*ú* = *šamû* „Himmel“.

Mit Hilfe von phonetischen Komplementen kann aber z.B. auch der Kasus eines Nomens bezeichnet werden: É-*tum* = *bītum* „Haus“ (Nominativ); É-*tim* = *bītim* (Genitiv).

1.3.2 Mehrdeutigkeit von Schriftzeichen

Einige Schriftzeichen sind eindeutig, viele aber können verschieden interpretiert werden:

Zeichen	sumerische Lesung	akkadische Lesung	Bedeutung
	AN	*šamû*	„Himmel
	DINGIR	*ilum*	„Gott”
	DÙ	*epēšum*	„machen”
	A	*mû*	„Wasser”
	UD	*šamšum*	„Sonne”
		ūmum	„Tag”
	KA	*pûm*	„Mund”
	ZÚ	*šinnum*	„Zahn”
	GÙ	*šasûm*	„schreien“
	INIM	*awātum*	„Wort“

1.3.3 Umschriftarten: Transliteration und Transkription

Bei der lateinischen Umschrift hat man sich auf folgende Prinzipien geeinigt:

- nicht-kursiv, Großbuchstaben = sumerischer Text bzw. Logogramm /Sumerogramm (einige Autoren umschreiben das Sumerische auch in Kleinbuchstaben)
- kursiv, Kleinbuchstaben = akkadischer Text
- hochgestellt und nicht-kursiv (Kleinbuchstaben) = Determinative

Ein Keilschrifttext kann dabei auf drei verschiedene Arten umschrieben werden (Beispieltext: „Für den Tempel des [Gottes] Dagan stellte er eine Tür her“):

1. *a-na* É ^{d}*Da-gan* ^{giš}IG DÙ-*uš*	Transliteration
2. *ana bīt Dagan daltam īpuš*	Transkription (normalisierte Umschrift)
3. *a-na bīt*(É) ^{d}*Da-gan* ^{giš}*daltam*(IG) *īpuš*(DÙ-*uš*)	gemischte Umschrift

1. Transliteration: Der Keilschrifttext wird Zeichen für Zeichen, also sozusagen 1 : 1, wiedergegeben. Aus der Umschrift lässt sich exakt das keilschriftliche Original rekonstruieren. Diese Art der Transliteration ist in modernen Textbearbeitungen sehr weit verbreitet. Der Nachteil: Die akkadische Wortform ist dabei weder lexikalisch noch morphologisch evident; sie muss erst unter Heranziehung weiterer Hilfsmittel (Zeichenliste, Grammatik) ermittelt werden. Dies ist nicht selten — vor allem für Benutzer mit geringen Vorkenntnissen — mit beträchtlichem Aufwand verbunden.

2. Transkription bzw. normalisierte Umschrift: Der Keilschrifttext wird entsprechend seiner akkadischen Lesung (nach der lexikalischen und morphologischen Analyse) wiedergegeben. Ein Rückschluss auf die exakte Darstellung im Keilschrifttext ist nicht möglich. Solche Transkriptionen sind vor allem in grammatischen Darstellungen zu finden.

3. Gemischte Umschrift: Dieses Umschriftsystem („mixed system“) kombiniert die Informationen der Transliteration (1) und der Transkription (2), indem es zu den logographisch geschriebenen Wortformen zusätzlich die akkadische Lesung voranstellt. Leider wird dieses für Benutzer ideale Umschriftsystem in jüngerer Zeit immer seltener angewandt.

1.3.4 Plene- und Defektivschreibung

Verdoppelte (geminierte) Konsonanten werden in der Keilschrift nicht konsequent berücksichtigt. Eine Wortform *išaqqal* „er wird/muss abwägen/bezahlen" wird entweder als *i-ša-aq-qal* oder als *i-ša-qal* geschrieben. Geschriebene Doppelkonsonanz ist immer im Sinne einer echten (phonologischen) Doppelkonsonanz zu verstehen. Bei Defektivschreibung dagegen kann ein einfacher Konsonant oder eine Doppelkonsonanz vorliegen.

Vokallängen werden in der Schrift noch seltener spezifisch berücksichtigt als Konsonantengeminationen, z.B. wird *awīlum* „Mensch" durchgehend als *a-wi-lum* und damit defektiv geschrieben. Pleneschreibungen mit einem Extra-Vokalzeichen sind dagegen beispielsweise:

la-a	für	*lā*	„nicht"
im-la-a-ma	für	*imlā-ma*	„er füllte und ..."

Um noch einmal auf die oben genannte Wortform *i-ša-aq-qal* zurückzukommen: Das Aufeinanderstoßen von zwei *a*-Vokalen in der Sequenz KV - VK (Konsonant-Vokal-Zeichen + Vokal-Konsonant-Zeichen) — also in *ša-aq* — ist keine Pleneschreibung. Eine Pleneschreibung müsste ein zusätzliches Vokalzeichen haben, also etwa **i-ša-a-aq* (mit Asteriskus werden rekonstruierte oder in dieser Form nicht bezeugte Wortformen markiert). Auch eine Schreibung wie *ú-ul* (mit einem Vokalzeichen im Wortanlaut) gilt nicht als Pleneschreibung, sondern steht für *ul* „nicht".

1.4 Vorbemerkungen zur Phonologie

1.4.1 Konsonanten

Für das Akkadische ab der altbabylonischen Zeit werden folgende 20 konsonantische Phoneme (Sprachlaute) angesetzt (sie sind in dieser Reihenfolge auch in den Wörterbüchern erfasst):

ˀ, b, d, g, ḫ, j, k, l, m, n, p, q, r, s, ṣ, š, t, ṭ, w, z.

Da ˀ (Aleph) im Wortanlaut nicht umschrieben wird, werden entsprechende Lexeme unter dem folgenden Vokal gereiht, d.h. unter *a*, *e*, *i* oder *u* (Vokale werden grundsätzlich in der Reihung berücksichtigt), z.B. *ezēbu(m)* „verlassen", unter „E".

Anstelle von *j* wird im anglophonen Bereich auch das Umschriftsymbol *y* benutzt (z.B. *ia-ši-im* = *jâšim* bzw. *yâšim* „mir").

Da wortanlautendes *w* nach der altbabylonischen Zeit wegfällt, werden Lexeme, die aB noch mit *w* beginnen, in gewissen Wörterbüchern (z.B. CAD) unter dem folgenden Vokal gereiht, z.B. *(w)arādu(m)* „hinabsteigen" unter „W" (AHw., CDA) oder unter „A" (*arādu*: so CAD); *(w)ēdu(m)* „einzelner, allein" unter „W" oder unter „E" (*ēdu*: so CAD). (Man beachte ferner: auslautendes *m* [= Mimation] fällt ebenfalls nach-aB weg.)

Die syllabische Keilschrift hat gewisse Probleme, das Phonem *j* darzustellen. Im Wortanlaut wird IA = *ja* bzw. PI geschrieben (für *ji, ju, ja*). Für die Lautfolge *-a(j)ja/i/u-* wird oft -A-A- geschrieben, z.B. *da-a-a-nu-um* = *dajjānum* „Richter", *a-a* = *ai* bzw. *aj* „nicht".

1.4.2 *Schulaussprache der Konsonanten*

Hier wird folgende Aussprache der Zischlaute (Sibilanten) des Akkad. empfohlen:

s normales [s]; wie hebr. Samech
ṣ sprich [ts]; wie hebr. Tsade (die [^{t}s]-Aussprache ist alt!)
š sprich [sch]; wie hebr. Schin
z sprich stimmhaftes „s" (nicht „ts"!); wie hebr. Zayin.

Die emphatischen Konsonanten *q* (alternative Umschrift: *ḳ*) und *ṭ* sollten unbehaucht artikuliert werden (sie waren ursprünglich mit „glottalem" Verschluss gesprochen worden), während die nicht-emphatischen Entsprechungen, nämlich *k* und *t*, deutlich behaucht (aspiriert) artikuliert werden sollten, d.h. [k^{h}] und [t^{h}].

Der Reibelaut *ḫ* sollte wie gewöhnliches deutsches „ch" (wie in „Bach") gesprochen werden.

1.4.3 *Vokale*

- Für die Umschrift von Kurzvokalen des Akkadischen werden *a, e, i, u* verwendet.
- Lange Vokale werden als *ā, ē, ī, ū* umschrieben.
- Aus Kontraktionen enstandene Langvokale werden wie folgt umschrieben: *â, ê, î, û*.

Näheres zur Phonologie des Akkadischen wird unter → 4.3 präsentiert.

Lernvokabular (1)

Nomina:

abum	Vater, Pl. *abbū* [hebr. *ˀāb*]
ummum	Mutter [hebr. *ˀēm*]
aḫum	Bruder, Pl. *aḫḫū* [hebr. *ˀāḥ*]
aḫātum	Schwester, Pl. *aḫḫātum* [hebr. *ˀāḥōt*]
mārum	Sohn; Plural: Kinder
mārtum	Tochter (Fem. zu *mārum* „Sohn“)
awīlum	Mensch, Mann (später: *amī/ēlu*)
sinništum	Frau
aššatum	Gattin [hebr. *ˀiššâ*]
bītum	Haus (mask., Pl. *bītātum*) [hebr. *báyit/bēt*]
mūtum	Tod [hebr. *māwæt/môt*]
īnum	Auge [hebr. *ˁáyin* / *ˁēn*]
idum	Arm, Seite [hebr. *yād*]
qātum	Hand
rittum	Hand [vgl. hebr. *raḥat* „Schaufel“]

Präpositionen:

ana	zu, nach, für [entspricht funktional hebr. *l^e* und *ˀæl*]
ina	in, an; durch, mit; auch: von ... her, aus [entspricht funktional hebr. *b^e*] Variante: *in* (ohne Auslautvokal)
kīma	wie; auch: Subj.: sobald, als; wenn; dass; wie [= hebr. *kî*, *k^emō*]
itti	mit, bei [hebr. *ˀæt*, vor Suffixen *ˀitt-*]
ištu	aus, von ... her; auch Subj.: seit, nachdem [entspricht funktional hebr. *min*]
eli	auf, über [hebr. *ˁal*, poet. Nebenform *^{ˁa}lē*]
adi	bis; auch Subj.: bis, solange [hebr. *ˁad*, poet. auch *^{ˁa}dē*]

Bemerkung: In der Poesie können *ana*, *ina* und *eli* auch ohne Auslautvokal erscheinen, z.B. *in ilī* „unter den Göttern“, *elni* „über uns“.

Konjunktionen:

u	und [hebr. *w^e*, ū-]
šumma	wenn [aus **šum* + *-ma*; entspricht etym. hebr. *ˀim*]

Lektüre (1): Kodex Hammurapi

Der Kodex Hammurapi (KḪ) ist eine Rechtssammlung des Königs Hammurap/bi (Ḫammu-rapi?; nach anderer Ansicht „Ḫammu-rabi" zu umschreiben) von Babylon, des 6. Königs der 1. („amurritischen") Dynastie von Babylon (1792-1750 v. Chr. [gemäß „mittlerer" Chronologie]). Der Keilschrifttext (früher altbabylonischer Schriftduktus) ist in Spalten geschrieben (insgesamt 51 Spalten auf Vorder- und Rückseite).

Wie bei älteren Gesetzessammlungen besteht auch der KḪ aus Prolog, Gesetzen und Epilog. Im Prolog würdigt König Hammurapi seine Leistungen und Wohltaten und präsentiert sich selbst als guter Hirte seines Volkes. Im Epilog weist der König auf die göttliche Legitimation seiner Herrschaft und auf seine Gerechtigkeit hin, und er fordert die Bürger und seine Nachfolger auf, die Gesetze in seinem Sinne zu befolgen. Ein Herrscher, der sich nicht daran hält, soll verflucht sein.

Die Gesetzessammlung selbst umfasst 282 sogenannte „Paragraphen" („Wenn—dann"-Satzgefüge, kasuistisches Recht). Die Gesetze basieren auf dem Prinzip der Spiegelstrafe („Auge um Auge, Zahn um Zahn"). Trotz des Umfangs regeln sie nicht alle Rechtsbereiche. Ob die Gesetze Hammurapis in der täglichen Rechtspraxis wirklich angewandt wurden, ist umstritten. Es dürfte sich eher um ein „theoretisches" Werk handeln, das nur begrenzt Einzug in die Praxis fand.

Die Grobgliederung der Themenbereiche der Gesetzessammlung (nach Paragraphen):

1-5	Gerichtswesen und (korrupte) Richter
6-14	Diebstahl und Raub
15-65	Landbesitz, Bauern, Pachtwesen
[Fragmente]	
100-126	Kaufleute
127-194	Familie (Frauen, Ehe, Erbschaft, Adoption)
195-214	Körperverletzung
215-277	Berufsgruppen (Verantwortung und Haftung)
278-282	Sklaven

Literatur: Heinz-Dieter Viel, *Der Codex Hammurapi.* Keilschrift-Edition mit Übersetzung, Göttingen 2002 (Edition Ruprecht); Marth T. Roth, *Law Collections from Mesopotamia and Asia Minor*, Atlanta 1995; R. Borger, in: *Texte aus der Umwelt des Alten Testament* (= TUAT), Bd. I, S. 39ff.

KḪ § 195

Transliteration:

šum-ma DUMU *a-ba-šu im-ta-ḫa-aṣ* KIŠIB.LÁ-*šu i-na-ak-ki-su*

gemischte Umschrift:

šum-ma mārum(DUMU) *a-ba-šu im-ta-ḫa-aṣ ritta*(KIŠIB.LÁ)-*šu i-na-ak-ki-su*

Transkription (= normalisierte Umschrift):

šumma mārum abāšu imtaḫaṣ rittašu inakkisū

Übersetzung:

„Wenn ein Sohn seinen Vater geschlagen hat (= schlägt),
werden sie (= wird man) seine Hand abschneiden."

Kommentar:

- *mārum*: Wortstamm *mār-* plus Kasusendung (für Nominativ) *-u* plus sogenannte Mimation *-m* (diese fehlt, wenn das Nomen im Status constructus steht).
- *abāšu*: Wortstamm **ˀabw-* plus Kasusendung (für Akkusativ) *-a* plus possessivisches Suffix *-šu* (entspricht hebr. *-ō* bzw. *-hū*). Die Länge des Vokals der zweiten Silbe resultiert wohl daraus, dass das Lexem für „Vater" einen schwachen dritten Radikal besitzt. Die hebr. Entsprechung lautet *ˀābīhū* bzw. *ˀābīw*, „sein(es/en) Vaters.
- *imtaḫaṣ* : Verb *maḫāṣum* „schlagen" (entspricht hebr. *mḥṣ* „zerbrechen, zerschmettern"), Vergangenheitstempus, Form 3.m.sg. Das Präfix *i-* entspricht hebräischem *ji*-Präfix im Imperfekt 3.m.sg. (z.B. in *jiktōb*). Verben werden in der Akkadistik nach der Form des Infinitivs zitiert (hier: *maḫāṣ-* plus Kasusendung für Nominativ und „Mimation"). — Der „wenn"-Satz (die Protasis) ist hier zu Ende, es folgt der Hauptsatz (Nachsatz = Apodosis). Die Satzgrenze ist im Text nicht markiert (es gibt wie im Hebr. keine Satzzeichen).
- *rittašu*: Wortstamm *ritt-* (ein Nomen mit verdoppeltem Endkonsonanten) plus Kasusendung *-a* plus possessivisches Suffix *-šu*.
- *inakkisū*: Verb *nakāsum* „abschneiden", Tempusform für Gegenwart/Futur (typisch dafür ist im Akkad. die Verdoppelung des mittleren Konsanten der dreiradikaligen Wurzel), 3.m.pl. (*i*-Präfix, und Pluralendung *-ū*; vgl. zur Form etwa hebr. *ji-ktᵉb-ū* „sie werden schreiben").
- Wortstellung: Man beachte, dass die Verben — anders als im Hebr. — jeweils die Endposition im Satz einnehmen (S O V — Wortstellung).

Lektion 2

Flexion des Nomens I: Status rectus

2.1 Vorbemerkungen

Nomen ist der Oberbegriff für Substantiv und Adjektiv. Die Deklination dieser beiden Wortarten ist weitgehend (aber nicht vollständig) identisch. Es sind folgende Kategorien zu unterscheiden:

1. *Genus*: maskulinum, femininum (Abk.: mask., fem.).
2. *Numerus*: Singular, Dual, Plural (Abk.: Sing./Sg., Pl.).
3. *Kasus*: Nominativ, Genitiv, Akkusativ (Abk.: Nom., Gen., Akk.).
   Obliquus (Abk.: Obl.) bezeichnet eine gemeinsame Form für Gen. und Akk.

4. *Status*. Im Akkad. sind drei Statusvarianten zu unterscheiden:
- rectus (St. rect.; entspricht dem westsemitischen „Status absolutus")
- constructus (St. cs.)
- absolutus (St. abs.; entspricht *nicht* dem westsemitischen „Status absolutus").

2.2 Genus

Das Nomen unterscheidet Maskulinum und Femininum. Das Maskulinum hat keine besondere Endung. In den Femininformen tritt im Singular meist die Endung *-t*, seltener *-at*, an den Stamm des Nomens (gefolgt von den Kasusendungen), z.B. *batul-t-um* (< **batūl-t-um*) „junge Frau, Jungfrau" (vgl. *batūlum* „junger Mann, Jüngling").

Die Femininendung *-at* (statt *-t*) wird vor allem gebraucht,
- wenn der Stamm des Nomens auf einen verdoppelten Konsonanten auslautet, z.B. *šarr-atum* „Königin" (vs. *šarrum* „König"), und

- bei femininen Nominalformen des Typs *pars* (entsprechend der hebr. *qatl*-Bil-dung [= *a*-Segolatum]) = *parsat*, z. B. *kalb-at-um* „Hündin“ (in der Akkadistik wird PRS „abschneiden, trennen“ als Paradigmenwurzel gebraucht).

Bei den Nominalformen *pirs* und *purs* — entsprechend hebr. *qitl* und *qutl* — sowie manchmal auch bei *pars* wird zwischen den beiden letzten Konsonanten ein dem ersten Vokal entsprechender Hilfsvokal eingeschoben und die „normale“ Endung *-t* gebraucht, z. B. *šipirtum* „Brief, Nachricht“ (mit Pl. *šip(i)rētum*) oder *puluḫtum* „Furcht“ (mit Pl. *pulḫātum*).

2.3 Numerus

Das Akkadische kennt drei Numeri: Singular (Sg.), Plural (Pl.) und Dual (Du.). Der Dual ist bereits im Altbabylonischen nicht mehr voll produktiv, er wird im Allgemeinen nur noch für die paarweise vorhandenen Körperteile gebraucht. Beispiele:

- *īnān* (Obl. *īnīn*; Sg. *īnum*) „die (beiden) Augen“
- *šēpān* (Obl. *šēpīn*) „die (beiden) Füße“
- übertragen: *emūqān* „(Arm-)Kraft“.

2.4 Kasus

Es gibt im Akkadischen die drei Grundkasus Nominativ (Nom.), Genitiv (Gen.) und Akkusativ (Akk.).

- Der *Nominativ* ist vor allem der Kasus des Subjekts, aber auch der des nominalen Prädikats in Nominalsätzen, z.B. „Dieser Mann (ist) der König“ (alle Glieder im Nominativ).
- Der *Genitiv* ist — wie im Deutschen — der Kasus der Abhängigkeit. Im Genitiv steht das zweite Glied einer Konstruktusverbindung („der König des Landes“). Ferner ziehen auch (alle) Präpositionen Nomina im Genitiv nach sich („in dem Land“ [im Akkad. = Gen.]).
- Im *Akkusativ* stehen direkte Objekte (transitiver Verben) sowie auch viele adverbiale Bestimmungen (z. B. des Ortes, der Zeit, des Zustandes).

Im Singular haben diese drei Kasus unterschiedliche Endungen, man spricht von „Triptosie“ (Drei-Fälle-Deklination). Im Dual und Plural haben Genitiv und Akkusativ eine gemeinsame Form, die man Obliquus nennt; man spricht von „Diptosie“ (Zwei-Fälle-Deklination).

2.5 *Flexion im Status rectus*

2.5.1 Paradigma: Flexion des Substantivs

Im Status rectus (entspricht dem westsemitischen „Status absolutus“) steht das Nomen in ungebundener Stellung, d.h. wenn von ihm kein Genitiv abhängt.

Die Formen beim Substantiv lauten wie folgt (Paradigmenwörter: *šarrum* „König“ und *šarratum* „Königin“):

		Endung mask.	Beispiel	Endung fem.	Beispiel
Sg.	Nom.	*-um*	*šarrum*	*-(a)t-um*	*šarratum*
	Gen.	*-im*	*šarrim*	*-(a)t-im*	*šarratim*
	Akk.	*-am*	*šarram*	*-(a)t-am*	*šarratam*
Pl.	Nom.	*-ū*	*šarrū*	*-āt-um*	*šarrātum*
	Obl.	*-ī*	*šarrī*	*-āt-im*	*šarrātim*
Du.	Nom.	*-ān*	*šarrān*	*-(a)t-ān*	*šarratān*
	Obl.	*-īn*	*šarrīn*	*-(a)t-īn*	*šarratīn*

Man beachte, dass Substantive im Singular hinter den eigentlichen Kasusvokalen *-u-*, *-i-*, *-a-* einen Auslautkonsonanten *-m* aufweisen, den man „Mimation“ nennt. Diese Mimation findet sich auch beim femininen Plural. Dualformen haben hinter den Kasusvokalen einen Auslautkonsonanten *-n*, den man „Nunation“ nennt. Formen des maskulinen Plurals haben keinen Auslautkonsonanten.

Im Hebräischen ist die Verteilung der Mimation praktisch umgekehrt (eine Nunation gibt es nicht); sie findet sich hier nur im mask. Plural: *śārīm* „Fürsten“ als Plural zu *śār* < **śarr-* (entspricht etymologisch direkt akkad. *šarrum*, da das Akkad. *š* und *ś* nicht differenziert); das Femininum lautet *śārâ* „Fürstin“ (< **śarrat-*), mit Plural *śārōt* < **śārāt-*:

Sg.	*śār*	(< **śarr-*)	*śārâ*	(< **śarrat-*)
Pl.	*śārīm*	(< **śarrīm-*)	*śārōt*	(< **śarrāt-*)

Zu den Pluralformen ist zu bemerken: Der *ī*-Vokal in *śārīm* „Fürsten” entspricht dem Obliquus-Kasusvokal *-ī* der akkad. Form *šarrī* „Könige” (d. h. die Obliquusform hat sich als Allgemeinform durchgesetzt). *śārōt* entspricht genau akkad. *šarrāt-* (betontes *ā* wird im Kanaanäischen allgemein zu *ō*).

2.5.2 *Flexion des Adjektivs*

Adjektive zeigen weitgehend die gleiche Flexion wie Substantive. Es gibt jedoch zwei Besonderheiten: 1. Der Plural maskulinum der Adjektive hat eine spezifische Form (Beispiel: *dannum* „stark"):

Pl.	Nom.	*-ūtum*	*dannūtum*
	Obl.	*-ūtim*	*dannūtim*

2. Adjektive bilden im Babylonisch-Akkadischen keine Dual-Formen (stattdessen werden die Endungen des Plurals verwendet). Das Flexionsschema lautet also:

Sg.	Nom.	*-um*	*dannum*	*-(a)t-um*	*dannatum*
	Gen.	*-im*	*dannim*	*-(a)t-im*	*dannatim*
	Akk.	*-am*	*dannam*	*-(a)t-am*	*dannatam*
Pl.	Nom.	*-ūtum*	*dannūtum*	*-ātum*	*dannātum*
	Obl.	*-ūtim*	*dannūtim*	*-ātim*	*dannātim*

2.5.3 *Einzelbemerkungen*

1. Einige maskuline Substantive bilden einen Plural auf *-ānu* (nach gut begründeter alternativer Auffassung ist der Auslautvokal jedoch gelängt, d. h. *-ānū*). Selten sind von einem Substantiv auch nebeneinander beide Pluralbildungen bezeugt, z.B. *šarrānu* und *šarrū* „Könige". Die (früher oft vertretene) Auffassung, dass die erstere Bildungsweise eine Mehrheit bezeichne, die sich aus einer zählbaren Anzahl in sich selbständiger Einzelelemente zusammensetzt, dürfte nicht zu halten sein. Die Pluralbildung auf *-ānu* ist altbabylonisch selten. Später wird sie häufiger gebraucht.
2. Wenn das Nomen *e*-Vokal(e) enthält, lautet die Femininendung *-et* (Sing.) bzw. *-ēt* (Pl.), z. B. *bēltum* „Herrin" (St.cs. *bēlet*), Pl. *bēlētum*; *elletum* „rein", Pl. *ellētum*.
3. Mimation/Nunation treten ohne Rücksicht darauf ein, ob ein Nomen kontextuell determiniert („der König") oder indeterminiert („ein König") ist.
   Mimation/Nunation werden schon altbabylonisch nicht mehr konsequent gesetzt. Nach-altbabylonisch fallen die betreffenden Konsonanten allgemein weg: *šarrum* > *šarru*; *īnān* > *īnā*. Die Wörterbücher zitieren Nomina und Verben (in ihrer nominalen Infinitivform) entweder mit der Mimation in runden Klammern oder ohne Mimation. Beispiele: *šarru(m)* / *šarru* „König"; *parāsu(m)* / *parāsu* „abschneiden, entscheiden".

4. Zahlreiche Substantive werden im Singular als Femina konstruiert, ohne dass sie eine Femininendung haben, z.B. Bezeichnungen weiblicher Wesen (*ummum* „Mutter") und paarweise vorhandener Körperteile (*idum* „Hand"). Eine Reihe von Substantiven wird bisweilen maskulin, bisweilen feminin gebraucht (z.B. *kussûm* „Stuhl, Thron"); einige sind im Singular maskulin, bilden aber formal feminine Plurale (z.B. *eqlum* „Feld" [aAK jedoch fem.], Pl. *eqlētum*).
5. Die verbreitetsten nominalen Bildungstypen (= Nominalformen) für Substantive im Akkadischen sind (ähnlich wie in westsemit. Sprachen) *pars*, *pirs* und *purs* (entsprechend hebr. *qatl*, *qitl* und *qutl* [= Segolata] bzw. arab. *faʿl*, *fiʿl* und *fuʿl*).
   Hervorzuheben sind ferner folgende Bildungen: a) *parrās* (Berufsbezeichnungen u.ä.), z.B. *šarrāqum* „Dieb", *errēšum* „Bauer, Landwirt"; b) Bildungen mit den Präformativen *ma-* bzw. *na-* (*ma-* wird vor labialhaltigen Wurzeln zu *na-* [→ 4.3.3.2]), z.B. *narkabtum* (< **markabtum*) „Wagen"; c) Bildungen mit *ta*-Präformativ, z.B. *tamḫārum* „Kampf"; d) Bildungen mit Afformativen:
   - *-ān*, z.B. *mūtānum* „Seuche" (zu *mūtum* „Tod"),
   - *-ūt* (für Abstrakta), z.B. *šarrūtum* „Königtum",
   - *-ī* (für Gentilizia u.a.), z.B. *aššurīum*/*aššurûm* „Assyrer".
6. Die wichtigsten Bildungstypen für Adjektive im Akkadischen sind *paris*, *paras* und *parus* (entsprechend hebr. *qatil*, *qatal* und *qatul*), z.B. *damqum* (< **damiqum*, fem. *damiqtum*) „gut", *rapšum* (< **rapašum*, fem. *rapaštum*) „weit, ausgedehnt", *lemnum* (< **lamunum*, fem. *lemuttum* < **lamuntum*) „böse".
   Ferner sind — mit gesteigerter Bedeutung — *purrus* und *šuprus* hervorzuheben, z.B. *kubbutum* „sehr schwer", *šumruṣum* „sehr krank". Dagegen spielen — anders als in westsemit. Sprachen — *parīs*-Bildungen nur eine untergeordnete Rolle und *parūs-* sowie *parrīs*-Bildungen kaum eine Rolle.

2.6 Weitere Kasus

Es gibt neben Nom., Gen. und Akk. noch zwei weitere, adverbiale Kasus, die vor allem in der Dichtung häufiger gebraucht werden.

2.6.1 Der Lokativ auf —um

Der Lokativ (Abk.: Lok.) — auch Lokativ-Adverbialis genannt — dient zur Bezeichnung des Ortes; selten hat er daneben instrumentale Bedeutung (der Lok. deckt somit Nuancen ab, die sonst durch die Präp. *ina* ausgedrückt werden).

Formal hat der Lokativ die gleiche Endung wie der Nominativ (möglicherweise ist der *u*-Vokal aber als lang anzusetzen). Das auslautende *-m* wird an den ersten Konsonanten eines Pronominalsuffixes assimiliert; es fällt nach-aB und teilweise auch bereits aB weg. Beispiele:

libbum	im Herzen, im Inneren
ina libbu mātim	im Landesinneren (hier ohne *-m* und in Kombination mit *ina*)
qerbum Bābilim	inmitten von Babylon
qātukka < *qātum-ka*	in deiner Hand
puḫruššunu < *puḫrum-šunu*	in ihrer Versammlung
iduššа < *idum-ša*	an ihrer Seite; ihr zur Seite
ṣuprānuššu	in/mit seinen beiden Klauen (*ṣuprum* [Dual]).

Präpositionen mit Lokativendung sind unter anderem *balum* „ohne“, *qadu(m)* „zusammen mit, nebst“ und *ištu* (sporadisch auch *ištum*) „von, seit“, z.B. *balum kaspim* „ohne Silber, unentgeldlich“.

Der Lokativ wird nur selten verwendet und ist in poetischen Texten deutlich produktiver als in der Prosa.

2.6.2 Der Terminativ auf —iš

Der Terminativ (Abk.: Term.) — auch Terminativ-Adverbialis genannt — dient zur Bezeichnung der Richtung (er deckt somit Nuancen ab, die sonst durch die Präp. *ana* ausgedrückt werden), gelegentlich auch des Ortes:

bītiš	zum Haus
bītiška	zu deinem Haus (mit Possessivsuffix; sehr selten [poetisch])
iliš	zum Gott
damqiš	gut, schön, genau (Verwendung als Adverbialendung)
eliš u šapliš	oben und unten (zu *elum* „Oberseite“ und *šaplum* „Unterseite“).

Der Terminativ wird nach-aB auch als Vergleichskasus gebraucht, z.B. *iliš* „wie ein Gott“, während er zur Angabe der Richtung immer seltener eingesetzt wird.

Nach Auffassung vieler entspricht das hebräische *He locale* (unbetontes auslautendes *-â*) etymologisch (via *s/h*-Lautwandel) der akkad. Terminativendung *-iš*.

2.7 *Wortstämme mit Vokalauslaut (= Nomina tertiae infirmae)*

Endet der Stamm eines Nomens auf einen Vokal (etymologisch gesehen handelt es sich um Nomina *tertiae infirmae* [III *y* und III *w*; vgl. hebr. Nomina mit Endung -*æ*[h] (Segol-He)] und *tertiae Aleph*), so kontrahiert dieser mit der folgenden Kasusendung, wobei sich in der Regel die Kasusendung, also der zweite Vokal, durchsetzt, z.B. -*i(j)um* > *ûm*. Die Lautfolge *a(j)i* wird zu *e*. Die Lautfolge *i(j)a* bleibt altbabylonisch noch oft als solche erhalten und wird erst später regelmäßig zu *â* kontrahiert (→ 14.2).

Beispiele: a) *rabûm* < *rabi(j)um* „groß" (Wurzel √*rby*, *paris*-Nominalform); b) *rubûm* < *rubāʾum* < *rubājum* „Fürst" (Wurzel √*rby*, *purās*-Nominalform); c) *šumlûm* < *šumluʾum* „das Anfüllen" (Wurzel √*mlʾ* „voll sein", Infinitiv des Š-Kausativstamms [= *šuprus*-Nominalform]):

a) *rabûm* < *rabi(j)um* „groß":

Sg.	mask.	Nom.	*rabium* >	*rabûm*	
		Gen.	*rabiim* >	*rabîm*	
		Akk.		*rabiam*	(später: *rabâm*)
	fem.	Nom.		*rabītum*	
Pl.	mask.	Nom.	*rabiūtum* >	*rabûtum*	
		Obl.	*rabiūtim* >	*rabûtim*	
	fem.	Nom.		*rabiātum*	(später: *rabâtum*)
		Obl.		*rabiātim*	(später: *rabâtim*)

b) *rubûm* < *rubāʾum* < *rubājum* „Fürst":

Sg.	Nom.	*rubāʾum* >	*rubûm*
	Gen.	*rabāʾim* >	*rubêm*(!)
	Akk.	*rubāʾam* >	*rubâm*

c) *šumlûm* < *šumluʾum* „das Anfüllen":

Sg.	Nom.	*šumluʾum* >	*šumlûm*
	Gen.	*šumluʾim* >	*šumlîm*
	Akk.	*šumluʾam* >	*šumlâm*

Archaisch-aB und in der Poesie begegnen (noch) vergleichsweise viele unkontrahierte Formen.

2.8 *Kein bestimmter Artikel*

Das Akkadische kennt — wie alle älteren semit. Sprachen — (noch) keinen bestimmten Artikel. Eine Wortform wie *šarrum* kann somit „ein König" oder „der König" bedeuten, *ilū* „Götter" oder „die Götter". Allein der Kontext entscheidet, ob ein Nomen als determiniert („bestimmt") aufzufassen ist oder nicht.

2.9 *Adjektive als Attribute*

Adjektive in attributiver Funktion zu einem Substantiv folgen dem Substantiv und kongruieren mit ihm hinsichtlich Genus, Numerus und Kasus. Beispiele:

- *šarrum dannum* „der/ein mächtige(r) König" (Sg. Nom.)
- *iltam rabītam* „die/eine große Göttin" (Sg. Akk.)
- *arnam kabtam* „eine/die schwere Sünde" (Sg. Akk.)
- *ilū rabûtum* „(die) große(n) Götter" (Pl. Nom.).

In der Poesie folgt das Adjektiv zuweilen nicht direkt dem Substantiv, z.B. *pāšī / patrī išpukū rabûtim* „sie gossen große Äxte / Schwerter (aus Bronze)" (Gilgamesch OB III 165, 167). Auch eine Voranstellung des Adjektivs ist möglich, wodurch eine stärkere Betonung des Adjektivausdrucks erreicht wird, z.B. *kabtam dullam* „die (überaus) schwere Mühsal" (Akk.); *ša dannum kakkašu ina qātīšu* „dessen mächtige Waffe in seiner Hand ist".

Lernvokabular (2)

Substantive:

arnum	Schuld, Unrecht, Sünde; Strafe
balāṭum	(das) Leben
iltum	Göttin (Fem. zu *ilum* „Gott")
ilum	Gott (Pl. *ilū* und *ilānu)* [hebr. *ʾēl*]
išātum	Feuer (Pl. *išātātum*) [hebr. *ʾēš*]
kakkum	Waffe
nišū, nīšū	Menschen, Leute (fem. Genus, Plurale tantum) [arab. *nās*[un] „Leute"; vgl. hebr. *nāšīm* „Frauen"; hebr. *ʾᵄnōš* „Mensch" hat eine andere Etymologie]
puḫrum	Versammlung

qerbum Mitte, Inneres (St.cs. *qereb*) [hebr. *qæræb*]
ṣēnum Kleinvieh; Schafe (und Ziegen) [hebr. *ṣōˀn*]
šarratum Königin (fem. zu *šarrum*)
šarrum König [hebr. *śar* „Fürst"]
šarrūtum Königtum
wardum Diener, Sklave
zik(a)rum Mann, männlich [hebr. *zākār*]

Adjektive:

balṭum lebendig
dārûm, dārium dauernd, ewig [vgl. hebr. *dôr wā-dôr*]
mītum tot; der Tote (substantiviert)

damqum gut (< *damiqum*; fem. *damiqtum*)
ṭābum gut, schön, angenehm [hebr. *ṭôb*]
lemnum böse, schlecht (fem. *lemuttum*)
dannum stark, mächtig
ezzum zornig, wütend [vgl. hebr. *ˁaz* „stark, wild"]
kabtum schwer, gewichtig, angesehen (< *kabitum*) [hebr. *kabēd* (mit *d*!)]
marṣum krank, beschwerlich; schwerwiegend, heftig (< **maruṣ*; fem. *maruštum*; → 4.3.3.3) [hebr. *mrṣ* „schmerzvoll sein"]
rabûm groß [vgl. hebr. *rab*; Wz. *rbb* und *rby*]
ṣeḫrum klein (< **ṣaḫar*; fem. *ṣeḫertum*) [arab. *ṣaġīr* „klein"]
šanûm zweiter, anderer (fem. *šanītum*) [vgl. hebr. *šēnī* „zweiter"]

Präpositionen:

aššum wegen, um ... willen, was betrifft (< *ana* + *šum*(*um*) „Name")
balum ohne [hebr. b^{e}*lī*]
qadu(*m*) zusammen mit, nebst

Götternamen:

(In der Schrift mit vorangehendem Gottesdeterminativ (= ^{d}) gekennzeichnet, z.B. ^{d}*Marduk*; das Determinativ steht für sumerisch „dingir" = „Gott" bzw. für lateinisch *deus/divinus*).

Anum Gott des Himmels
Enlil bzw. *Ellil* gilt zumeist als ranghöchster Gott und König der Götter
Enki / *Ea* Gott der unterirdischen Sphäre und der Weisheit (Ea ist der akkadische Name)

Ištar	wichtigste Göttin
Adad	Wetter- und Sturmgottheit
Šamaš	Sonnengott
Sîn	Mondgott
Marduk	Stadtgott Babylons und Nationalgott der Babylonier
Aššur	Stadtgott Assurs und Nationalgott der Assyrer
Anunnakū/ī	Gruppe wichtiger Götter (ihr Oberhaupt ist *Anum*)
Igigū/ī	Gruppe wichtiger Götter

Übungen (2)

a-wi-lum ; *a-wi-lim* ; *a-wi-lam*
ki-ma ilī(DINGIR.MEŠ) (MEŠ ist das sumerische Pluralmorphem)
i-na ^{giš}*kakkim*(TUKUL) *da-an-nim*
šar-ru-tam da-rí-tam
Anum(AN) *ra-bu-um* (*Anum* = Gott Anum)
ilū(DINGIR.MEŠ) *rabûtum*(GAL.MEŠ)
^{d}*Nin-líl ummum*(AMA) *ra-bí-tum* (KḪ Epilog)
^{d}*Ea*(EN.KI) *rubûm*(NUN) *ra-bi-um* (KḪ Epilog)
rubûm „Fürst“; *rabium* (unkontrahierte Form).

sí-im-ma-am mar-ṣa-am (*simmum* „Wunde“)
er-re-tam ma-ru-uš-tam (*erretum* „Fluch“)
ki-ma i-ša-tim ez-ze-tim
šarrum(LUGAL) *da-núm*
aš-šum zi-ka-ri-im ša-ni-im
a-na bītim(É) *ša-ni-im*
iš-tu bītim(É)
qer-bu-um A-kà-dè^{ki} (Stadt Akkade; → 2.6.1)

Lektüre (2)

KḪ, Epilog, Kol. 47: 9-10

9 *Ḫa-am-mu-ra-pí* 10 *šar-ru-um gi-it-ma-lum a-na-ku*

- Nominalsatz (→ 4.2).
- *gitmālum*: „vollkommen, perfekt“ (Verb *gamālum*).
- *anāku*: Personalpronomen „ich“ (→ 4.1).

Atramḫasīs-Epos (aB) I, Z. 1 (Beginn des Epos)
i-nu-ma i-lu a-wi-lum

- Ebenfalls ein Nominalsatz.
- *inūma*: „als".
- Übersetzung: „Als die Götter (noch) Mensch waren" (d. h. ein beschwerliches Leben wie Menschen führten [vor der Erschaffung des Menschen]).

Lektion 3

Flexion des Nomens II: Status constructus, absolutus; Possessivsuffixe

3.1 Status Constructus

Im Status Constructus (St.cs.) steht das Nomen,

- wenn von ihm ein Genitiv abhängt: *bēl bītim* „der Herr des Hauses“ (= sogenannte Konstruktusverbindung; *bēl* = St. cs. zu *bēlum*),
- vor einem Pronominalsuffix: *bēl-šu* „sein Herr“,
- wenn von ihm ein Relativsatz ohne Relativpronomen, d.h. ein asyndetischer Relativsatz, abhängt: *bīt išruku* „das Haus, das er geschenkt hat“ (der Nebensatz hat die syntaktische Funktion eines Genitivs).

3.1.1 Status constructus des Nomens ohne Pronominalsuffix

1. Endet der Wortstamm mit einem einfachen Konsonanten, so hat der St.cs. im Singular in der Regel keine Endung, also weder eine Kasusendung noch die Mimation (Ausnahme: im Archaisch-Altbabylonischen gibt es sporadisch Fälle mit vokalischer Endung [Typ *bēlu bītim*]):

bēl bītim „der Herr des Hauses“ (St.abs. *bēlum*)
ana bēl bītim „zum Herrn des Hauses“.

Der maskuline Plural lautet in der Regel wie der des Status rectus:

bēlū bītim „die Herren des Hauses“.

Im Dual gibt es keine Nunation: *šēpā awīlim* „die (beiden) Füße des Mannes“.

Die Status-Constructus-Form des femininen Plurals *-ātum* ist *-āt:*

šarrāt mātim „die Königinnen des Landes“.

2. Endet der Wortstamm mit einem verdoppelten Konsonanten, wird bei einsilbigen Stämmen ein *-i* angefügt (die Form ist kasusneutral):

ṭuppi awīlim „die Tontafel des Mannes“
libbi awīlim „das Herz des Mannes/Menschen“.

Bei zweisilbigen mask. Stämmen wird der St.cs. unter Vereinfachung des Auslautkonsonanten ohne Endung gebildet:

kunuk awīlim „das Siegel des Mannes“ (St. abs. *kunukkum*).

Auch der St.cs. von *šarrum* ist in der Regel so gebildet: *šar* (daneben auch *šarri*).

3. Bei Nomina der Form *pars, pirs* und *purs* wird zwischen zweitem und drittem Radikal der entsprechende Vokal als Hilfsvokal eingeschoben (vgl. das Phänomen der „Segolierung“ im Hebr.). Beispiele (*wardum* „Sklave“, *šiprum* „Werk“):

warad awīlim „der Sklave des Mannes“
šipir šarrim „das Werk des Königs“.

4. Bei Feminina (mit Femininmarker *-t*) sind zwei Haupttypen zu unterscheiden: Bei einsilbigen Bildungen wird in der Regel ein „Hilfsvokal“ *a* eingeschoben:

šubat	zu	St. rectus	*šubtum.*

In anderen Fällen, vor allem bei mehrsilbigen Bildungen, wird ein *-i* angefügt (die Form ist kasusneutral):

qīšti	zu	*qīštum*	„Geschenk“
eṣemti	zu	*eṣemtum*	„Knochen“
nidinti	zu	*nidintum*	„Gabe“
šerikti	zu	*šeriktum*	„Geschenk, Mitgift“
napišti	zu	*napištum*	„Leben, Seele“ (in der Poesie auch *napšat*).

5. Bei zweikonsonantigen Nomina mit kurzem Vokal lautet der St.cs. gewöhnlich auf *-i* aus:

abi bītim „der Vater des Hauses“ (St. rect. *abum*)
idi awīlim „der Arm des Mannes“ (St. rect. *idum*).

6. Nomina mit vokalischem Auslaut (etymologisch III-ˀ bzw. III-j/w) wie *kalûm* < *kalaˀum* „Gesamtheit“ oder *rabûm* < *rabi(j)um* „groß“ verhalten sich im St.cs. nicht einheitlich. Sie bewahren teilweise den Auslautvokal, teilweise fällt der Auslautvokal weg. Beispiele:

kal(a) mātim „das gesamte Land" (teilweise auch *kali*; St.rect. *kalûm* < **kalaʾum*)
rab(i) bītim „der Hausvorsteher" (St.rect. *rabûm* < **rabi(j)um*).

3.1.2 Status constructus des Nomens mit Pronominalsuffix

Der St.cs. mit Pronominalsuffix wird auch Status pronominalis genannt.

3.1.2.1 Nomen im Singular

1. Die Genitivform endet auf betontes (gelängtes) *-ī*:

bīt bēlī-šu „das Haus seines Herrn".

2. Für Nominativ und Akkusativ gilt gleichermaßen: Wenn der Wortstamm auf einen einfachen Konsonanten auslautet bzw. vor der Femininendung *-t* ein Vokal steht, treten die Suffixe meist unmittelbar an den Nominalstamm bzw. die Femininendung (zwischen Nominativ und Akkusativ wird dabei nicht unterschieden):

bēl-šu „sein / seinen Herr" (Nom. oder Akk.)
māt-ka „dein Land" (Nom. oder Akk.).

Dabei verbinden sich auslautende Dentale (*d*, *t*, *ṭ*) und Sibilanten (*s*, *ṣ*, *š*, *z*) mit dem der Suffixe der 3. Person zu */ss/* (→ 4.3.3.3):

māssu < *māt-šu* „sein Land" (Nom. oder Akk.).

3. Auch bei Nomina der Bildung *pars*, *pirs* und *purs* mit eingeschobenem Hilfsvokal im Status constructus treten die Suffixe direkt an die nominale Form. Beispiele (*šiprum* „Werk", *rigmum* „Stimme", *ḫulqum* „verlorenes Hab und Gut"):

šipir-šu „sein Werk"
rigim-šu „seine Stimme" (in der Poesie auch *rigma-šu*)
ḫuluq-šu „sein verlorenes Gut".

4. Einige zweikonsonantische Nomina wie *abum* „Vater", *aḫum* „Bruder", *mārum* „Sohn" und *bīšum* „Habe" — es handelt sich dabei wohl durchgehend um dreiradikalige Wurzeln mit schwachem dritten Radikal (d. h. um Nomina *tertiae infirmae*) — werden voll dekliniert, unterscheiden also auch Nominativ und Akkusativ. Der Kasusvokal erscheint dabei gelängt:

abū-šu „sein Vater" (der St.cs. ohne Suffix lautet *abi* [indeklinabel])
abī-šu „seines Vaters"
abā-šu „seinen Vater".

Ebenso verhalten sich viele (andere) Nomina *tertiae infirmae*, die auf -*a* oder -*u* auslauten, z.B. *kalûm* < *kalaʾum* „Gesamtheit" (St.cs. ohne Suffix: *kala* bzw. *kal*):

kalū-šu „seine Gesamtheit" (Nom.)
kalī-šu „seiner Gesamtheit"
kalā-šu „seine Gesamtheit" (Akk.).

Die auf -*i* auslautenden Nomina dieser Gruppe fügen dagegen die Suffixe meist unmittelbar an den gelängten Stammauslaut an (ohne Kasusdifferenzierung):

bānī-šu „sein Schöpfer" (zu *bānûm* < *bānijum*).

5. Viele feminine Nomina haben ein -*a*- hinter dem Femininmorphem *t*. Die betreffende Form kann für Nom. und Akk. stehen (der Genitiv hat ein gelängtes -ī-, z.B. *qīštī-šu*):

qīšta-šu „sein Geschenk" (zu *qīštum*)
napišta-šu „sein Leben" (zu *napištum*).

3.1.2.2 Nomen im Plural

Im Plural und Dual des Maskulinums bleiben die Kasusendungen voll erhalten, z.B.:

šarrū -šu „seine Könige" (Nom.)
šarrī -šu „seine(r) Könige" (Obl.).

Beim femininen Substantiv und bei Adjektiven allgemein fällt das auslautende -*m* (Mimation) im Plural weg. Die auslautenden Vokale werden wahrscheinlich gelängt:

mātātū -šu „seine Länder" (Nom.)
mātātī -šu „seine(r) Länder" (Obl.).

3.1.3 Überblick über die wichtigsten Constructus-Bildungen

Beispielwörter: *bēlum* „Herr“; *mātum* „Land“; *abum* „Vater“; *libbum* „Herz“; *kunukkum* „Siegel“; *šarratum* „Königin“; *šubtum* „Wohnung“; *qīštum* „Geschenk“; *ṣibittum* „Gefangenschaft“; *bānûm* (< *bāni(j)um*)„Schöpfer“; *kalûm* (< **kala'um*) „Gesamtheit“; *šēpān* „(beide) Füße“.

St. rectus **Singular**	**St. cs. ohne Suffix**	**St. cs. mit Suffix**
bēl-um Nom./Akk.	*bēl* *māt*	*bēl-šu* *mās-su*
māt-um Gen.	*bēl* *māt*	*bēlī-šu* *mātī-šu*
ab-um Nom.	*abi* (alle Kasus)	*abū-šu*
Gen.		*abī-šu*
Akk.		*abā-šu*
libb-um Nom./Akk.	*libbi*	*libba-šu*
Gen.	*libbi*	*libbī-šu*
kunukk-um Nom./Akk.	*kunuk*	*kunukka-šu*
Gen.	*kunuk*	*kunukkī-šu*
pars-um Nom./Akk.	*paras/piris/purus*	*paras-su* (etc.)
pirs-um Gen.	*paras/piris/purus*	*parsī-šu* (etc.)
purs um		
šarrat-um Nom./Akk.	*šarrat*	*šarras-su*
Gen.	*šarrat*	*šarratī-šu*
šub-t-um Nom./Akk.	*šubat*	*šubas-su*
Gen.	*šubat*	*šubtī-šu*
qīš-t-um Nom./Akk.	*qīšti*	*qīšta-šu*
Gen.	*qīšti*	*qīštī-šu*
ṣibit-t-um Nom./Akk.	*ṣibitti*	*ṣibitta-šu*
Gen.	*ṣibitti*	*ṣibittī-šu*

bāni-um Nom./Akk. = *bānûm* Gen.	*bāni* *bāni*	*bānī-šu* *bānî-šu*
kala-um Nom. = *kalûm* Gen. Akk.	*kal(a)* *kal(a)* *kal(a)*	*kalû-šu* *kalî-šu* *kalâ-šu*
Dual		
šēp-ān Nom. Obl.	*šēpā* *šēpī*	*šēpā-šu* *šēpī-šu*
Plural mask.		
bēl-ū Nom. *bēl-ī* Obl.	*bēlū* *bēlī*	*bēlū-šu* *bēlī-šu*
Plural fem.		
māt-ātum Nom. Obl.	*mātāt* *mātāt*	*mātātū-šu* *mātātī-šu*

3.2 Konstruktusverbindung und Umschreibung durch ša

3.2.1 Die direkte Genitivverbindung eines Nomens (im Kontextkasus) und eines unmittelbar folgenden Nomens im (abhängigen) Genitivkasus wird Konstruktusverbindung genannt, z.B.

bēl mātim „der Herr des Landes".

Das erste Nomen wird *Nomen regens*, das zweite *Nomen rectum* genannt.

Wird eines dieser Nomina durch ein adjektivisches Attribut näher bestimmt, folgt dieses hinter der Genitivverbindung: *bēl mātim dannum* „der mächtige Herr des Landes" (und nicht etwa: **bēl dannum mātim*).

3.2.2 Anstelle einer direkten Genitivverbindung ist im Akkad. eine Umschreibung mit Hilfe des (indeklinablen) Determinativpronomens *ša* „der des/von; derjenige, welcher" (→ 7.7) beliebt. Dabei steht das Nomen vor dem *ša* im Status rectus:

bēlum ša mātim	„der Herr des Landes"
ana bēlim ša mātim	„zum Herrn des Landes".

Gerade bei komplexeren Verbindungen bzw. bei Verbindungen mit adjektivischem Attribut wird gerne diese Umschreibung gewählt, z. B. *bēlum dannum ša mātim*, wörtlich: „der mächtige Herr, der des Landes".

3.3 Possessivsuffixe

3.3.1 Formen im Überblick

Pronominalsuffixe am Nomen (im Status constructus [= Status „pronominalis"]) haben Genitivfunktion, und zwar meist die Bedeutung von Possessivpronomina („mein / dein / sein", etc.). Die Formen lauten:

	Singular	Plural	Dual (selten)
1. Ps. com.	*-ī, -ja -ʾa*	*-ni*	
2. Ps. mask.	*-ka*	*-kunu*	*-kunī*
fem.	*-ki*	*-kina*	
3. Ps. mask.	*-šu*	*-šunu*	*-šunī*
fem.	*-ša*	*-šina*	

Das Paradigma am Beispiel von *awīlum* „Mensch, Mann" (Singular, Nom./Akk.):

1. Ps. com.	*awīl-ī*	*awīl-ni*
2. Ps. mask.	*awīl-ka*	*awīl-kunu*
fem.	*awīl-ki*	*awīl-kina*
3. Ps. mask.	*awīl-šu*	*awīl-šunu*
fem.	*awīl-ša*	*awīl-šina*

- Beim mask. Nomen im Genitiv (Singular) lauten die Formen: *awīlī-ja, awīlī-ka/i, awīlī-šu/a* (etc.). Der Kasusvokal (*-i-*) erscheint vor dem Suffix gelängt.
- Beim fem. Nomen im Nom./Akk. Singular treten die Suffixe direkt an den Femininmarker *-t-*, z.B. *šarratī* „meine Königin".
- Bei mask. Nomina im Plural treten die Suffixe an den langen Kasusvokal, z.B. *mārū-ka, mārī-ka* „deine(r) Söhne / Kinder".
- Beim fem. Nomen im Plural lauten die Formen z.B. *mātātū-ka, mātātī-ka* „deine(r) Länder" (die Kasusvokale erscheinen vor dem Suffix gelängt).
- Bei Adjektiven im Plural lauten die Formen analog dazu, z.B. *rabûtū-ka* „deine Großen/Vornehmen" (die Kasusvokale erscheinen gelängt).

- Beim Nomen im Dual treten die Suffixe an den langen Kasusvokal, z.B. *īnā-ka, īnī-ka* „deine(r) (beiden) Augen".
- Bei Präpositionen mit Auslautvokal *-i*, die mit Suffixen gebraucht werden, erscheint dieser Vokal vor Suffixen gelängt, z.B. *elī-šu* „auf ihm, über ihm/n", *ittī-šu* „mit/bei ihm". (Viele Präpositionen, darunter *ina* oder *ana* werden nicht mit Suffixen, sondern mit selbständigen Personalpronomina gebraucht [→ 4.1].)

3.3.2 Bemerkungen

Das Suffix der 1. Ps. Sing. lautet:

- *-ī* wenn es einem Konsonanten folgt: *awīlī* „mein Mann"; *bēlī* „mein Herr"
- *-ˀa* nach langem *-ū: bēlūˀa* „meine Herren" (bzw. *bēlūja*),
  ma-ru-(ú-)a (daneben auch Schreibung *ma-ru-ia*) „meine Kinder"
- *-ja* nach anderen Vokalen: *a-na bēlī-ja*(EN-*ia*) „zu meinem Herrn".

Alle Formen der 3. Personen lauten mit *š* an (Hebr. und fast alle westsemit. Sprachen haben demgegenüber Formen mit *h* im Anlaut). Dieses *š* ändert sich nach T-Lauten und nach *š* zu *s* (siehe → 4.3.3.3: *-T* + *š-* > *-ss-*; *-š* + *š-* > *-ss-*), z.B. *māssu* < *māt-šu* „sein Land".

In poetischen Texten können die unbetonten Auslautvokale von Suffixen wegfallen, z.B.

-šun statt *-šunu* (z.B. *ilī-šun* „ihre Götter" [Casus Obliquus])
-šin statt *-šina* (z.B. *rigim-šin* „ihr Geschrei")
-kun statt *-kunu* (z.B. *ilī-kun* „eure Götter").

Vor allem in archaisch-aB Texten (Texten des sogenannten hymnisch-epischen Dialekts [= HED]) werden auch die Suffixe *-ša* (3.f.sg.), seltener *-šu* (3.m.sg.) und *-ka* (3.m.sg.) zu *-š* bzw. *-k* verkürzt, wenn ein Vokal (Kasusvokal) vorausgeht, z.B.

abūš „ihr Vater" (Nom., teilweise aber auch anderer Kasus)
libbuš „ihr Herz" (Nom.)
awātak „dein Wort" (Akk.).

In Formen der 2./3. Pl. steht *u* für mask., *i* für fem. Genus (z.B. *-šunu* vs. *-šina*; dafür kein *n*/*m*-Wechsel wie etwa im Hebr. [*-hæm* vs. *-hæn*]). Die Form 1.pl. lautet auf *-i* aus (gegenüber hebr. *-nū*).

Vor Suffixen wurde der Kasusvokal *i* des Genitivs Singular (nach Ausweis vieler belegter Pleneschreibungen) sehr wahrscheinlich gelängt gesprochen: *šar mātīšunu* „der König ihres Landes"; *ana mārtīja* „(zu) meiner Tochter" .

Die dualischen Suffixe *-kunī* und *-šunī* (jeweils *genus communis*) werden nur in archaisch-aB und (sporadisch auch noch in jüngeren) poetischen Texten gebraucht.

Pronominalsuffixe in Objektfunktion (Akkusativ- oder Dativobjekt) am Verb werden später behandelt (→ 6.5).

3.4 Der Status absolutus

Der relativ selten verwendete „Status absolutus" — man könnte ihn auch „Casus absolutus" nennen und als Kasusform betrachten — ist die endungslose Form des Nomens. Da er nie eine Kasusendung aufweist, ist er oft mit dem Status Constructus eines Nomens identisch. Er wird verwendet:

1. zur Bezeichnung des Vokativs (*bēl* „o Herr!" [→ 3.5]),
2. bei Maßangaben und manchen Zahlwörtern (→ 14.1),
3. bei einigen festen adverbiellen Ausdrücken wie etwa

ana dār	"für immer"
la šanān	"ohne Gleichen"
ṣeḫer rabi	"klein (und) groß"
zikar u sinniš	„Männer und Frauen"

(*sinniš* = St. abs. zu *sinništum* „Frau", unter Wegfall der Femininendung).

Der endungslose „Status absolutus" des Akkad. ist nicht mit dem gleichnamigen Status absolutus westsemitischer Sprachen gleichzusetzen.

3.5 Ausdrucksformen für den Vokativ

Das Akkad. kennt keinen spezifischen Vokativ-Kasus.

Für die Anrede (Beispiel: „o Herr!") werden gebraucht:

- das Nomen mit Suffix der 1. Person: *bēlī* (= häufigste Variante)
- der endungslose Status absolutus *bēl* (→ 3.4: 1)
- der Nominativ des Status rectus *bēlum.*

Lernvokabular (3)

Substantive:

alpum	Rind, Ochse [hebr. *ʾælæp*]
ašrum	Ort, Stelle [vgl. hebr. *^{ʾa}šær*, Relativpartikel]
awātum	Wort, Angelegenheit; Pl. *awâtum* (nach-aB *amātu*)
bābum	Tor [arab. *bāb^{un}*]
bānûm	Schöpfer (G-Partizip von *banûm* [hebr. *bny* „bauen"]
bēltum	Herrin [hebr. *ba^{ʿa}lâ*]
bēlum	Herr [hebr. *baʿal*]
dīnum	Rechtsspruch, Prozess; Pl. mask. und fem. (*dinātum*) [hebr. *dīn*]
ekallum	Palast (sumer. Lehnwort: É.GAL „großes Haus") [hebr. *hēkāl*]; das Lexem ist vielleicht mit Langvokal anzusetzen: *ēkallum*
erṣetum	Erde, Land [hebr. *ʾæræṣ* (auch fem. Genus)]
eṣemtum	Knochen, Pl. *eṣmētum* [hebr. *ʿæṣæm* (auch fem. Genus)]
kalûm	Gesamtheit (St.cs. *kala*); alles, jeder [entspricht hebr. *kōl* / *kol-*]
libbum	Herz, Inneres [hebr. *lēb*]
maḫrum	Vorderseite; (*ina*) *maḫar* vor, in Gegenwart von
malûm	Fülle [hebr. *m^{e}lôʾ*]
mātum	Land (fem. Genus), Pl. *mātātum*
mīšarum	Gerechtigkeit [hebr. *mēšārīm* „Aufrichtigkeit", Wz. *yšr*]
pānum	Vorderseite; Pl. Gesicht [hebr. *pānîm*]
ina pān(i)	vor
rēʾûm	Hirte [hebr. *rōʿæ^{h}*]
šamû, šamāʾū	Himmel (Plurale tantum); Obl. *šamê* und *šamāʾī* [hebr. *šāmáyim*]
šiprum	Arbeit, Werk (St. cs. *šipir*)
šubtum	Sitz, Wohnsitz [vgl. hebr. *šæbæt* „das Sitzen", Wz. *yšb*]
šulmum	Gesundheit, Heil [vgl. hebr. *šālōm*]
šumum	Name [hebr. *šēm*]
tamḫārum	Kampf, Schlacht (vgl. *maḫrum*; *taprās*-Nominalform)
ṭuppum	Tontafel (sumer. Lehnwort: DUB)
uznum	Ohr; auch: Weisheit (fem. Genus) [hebr. *ʾōzæn*]
zērum	Samen [hebr. *zæraʿ*]
zikrum	Nennung, Erwähnung; Erinnerung [hebr. *zēkær* und *zikkārōn* „Erinnerung; kultische Erwähnung"]

Adjektive:

dārûm, dārium	dauernd, ewig [vgl. etwa hebr. *dōr wā-dōr*]
kīnum	dauerhaft, wahr [hebr. *kēn* „gut, richtig, fest“]
ṣīrum	erhaben, herausragend

Partikeln (u.ä.):

(ina) maḫar	vor, in Gegenwart von (vgl. *maḫrum* Vorderseite)
ina pān(i)	vor [entspricht hebr. *lipnē*]
lā	nicht (negiert Nebensätze u.a.; → 6.6) [hebr. *lōʾ*]
-ma	hervorhebende bzw. verbindende enklitische Partikel (→ 6.7)
ša	Determinativ- und Relativpronomen: „der des/von; derjenige, welcher“
ul	nicht (negiert Hauptsätze; → 6.6)

Übungen (3)

Anum(AN) *ra-bu-um a-bu ì-lí* (KḪ Epilog)
Anum(AN) *ṣi-ru-um šàr*(LUGAL) ^{d}*A-nun-na-ki* (KḪ Prolog)
^{d}*Nin-tu bēltum*(NIN) *ṣi-ir-tum ša ma-ta-tim* (KḪ Epilog)
^{d}*Ištar*(INNIN) *be-le-et tāḫāzim*(ME$_6$) *ù qablim*(ŠEN.ŠEN) (KḪ Epilog)
tāḫāzum und *qablum*: zwei Lexeme für „Kampf, Krieg“.

ba-ab-šu ; *ba-ab-ka*
a-na aš-ri-šu ; *i-na bi-ti-šu* ; *i-na qá-ti-šu*
ša i-na er-ṣe-ti-šu-nu
aš-ša-sú (< **aššat-šu*)
be-li ; *be-el-ni* ; *a-na be-lí-šu*
a-na aš-ša-ti-šu ; *it-ti be-el-ti-ša* ; *i-na li-ib-bi-šu* ; *i-na er-ṣe-ti-šu*
i-na pu-uḫ-ri-ni-ma (= *ina puḫrī-nī-ma* [mit Längung des Suffixvokals vor *-ma*])
ma-ru-šu (zwei Deutungsmöglichkeiten!)
e-li-šu ; *it-ti-šu-nu*
i-na a-wa-at ^{d}*Marduk*(AMAR.UTU) *be-lí-ia*
be-el wardim(ÌR)
ina bīt(É) *a-wi-lim*
^{d}*En-líl be-el ša-me-e ù er-ṣe-tim* (KḪ Prolog, Epilog)
aš-ša-at a-wi-lim
warad(ÌR) *ekallim*(É.GAL)

šàr mi-ša-ri-im
li-ib-bi ^{d}*Marduk*
zērum(NUMUN) *da-rí-um ša šar-ru-tim*
mār(DUMU) *a-wi-lim ṣe-eḫ-ra-am* (*ṣeḫram* ist Attribut *mār*)
i-na qá-at mār(DUMU) *a-wi-lim* (doppelte Konstruktusverbindung)
eṣemti(GÌR.PAD.DU) *warad*(ÌR) *a-wi-lim*
šum-šu ṣi-ra-am
di-na-a-at mi-ša-ri-im ; *a-wa-a-at mi-ša-ri-im*
a-na ni-ši-šu (= Lexem *nišū*)
ba-lum be-el wardim(ÌR) (KḪ § 226)
qá-du mārat(DUMU.MUNUS) *irtim*(GABA)
(*irtum* „Brust"; *mārat irtim* = „Säugling")
be-el ḫu-ul-qí-im (*ḫulqum* „verlorenes Gut") ; *ḫu-lu-uq-šu*
šum-šu ù zi-kir-šu
ù i-na ma-ri PN *ù* PN^{f} ... *a-ḫu-šu-nu ra-bu-um* („groß" ~ „ältester")
qé-er-bu-uš-šu (Lokativ [→ 2.6.1] + Suffix)

qú-ud-mi-iš A-ni-im i-na ša-ma-i ša-ak-nu (Etana-Epos, aB, OV-I, Kol. I, Z. 12)
Bemerkungen: *qudmiš:* „vor" (eigtl. ein Substantiv *qudmum* „Vorderseite" [vgl. hebr. *qædæm*], mit Terminativendung *-iš*); *šamāʾī*: unkontrahierte Obliquusform (*šamû*); *šaknū:* „sie (= Insignien der Königswürde) waren niedergelegt / lagen da" (*šakānum*, Stativ 3.m.pl. [→ 6.1]).

Übungen in Tanskription:

malûm ša šulmim ana šarrim kīnim ša mātim
ina maḫar ekallī-šu ; *ina pān bītī-ni*
īnā-šu; uznā-šu

Lektüre (3)

KḪ § 282 (Anfang)

šum-ma wardum(ÌR) *a-na be-lí-šu ú-ul be-lí at-ta iq-ta-bi* .....

- *ul bēlī attā*: Nominalsatz (→ 4.2), hier als Zitat einer wörtlichen Aussage.
- *attā*: Personalpronomen „du" (→ 4.1).
- *iqtabi*: „er hat gesagt" (Verb *qabûm* „sagen, sprechen").

KḪ § 196

šum-ma a-wi-lum i-in mār(DUMU) *a-wi-lim úḫ-tap-pí-id i-in-šu ú-ḫa-ap-pa-du*

- Syntax: *šumma*-Nebensatz (bis *uḫtappid*), gefolgt von dem Hauptsatz (Apodosis).
- *uḫtappid*: „er hat (das Augenlicht) ausgelöscht / zerstört" (Verb *ḫuppudum*, D-Stamm, Perfekt 3.m.sg.).
- *uḫappadū*: „sie werden (das Augenlicht) auslöschen / zerstören" (D-Stamm, Präsens, 3.m.pl.); „sie" = „man" (unpersönliches Subjekt).

KḪ § 245 (Apodosis)

... *alpam*(GU_4) *ki-ma alpim*(GU_4) *a-na be-el alpim*(GU_4) *i-ri-a-ab*

- *irīab*: „er wird / muss erstatten" (Verb *riābum*, Präsens).

Lektion 4

Personalpronomen, Nominalsätze, Phonologie

4.1 Die selbständigen Personalpronomina

Die selbständigen Personalpronomina bilden im Akkad. — anders als im Hebr., das nur Nominativformen kennt — je drei Kasusformen. Bemerkenswert ist der hier bezeugte Dativkasus, den es in der Nominalflexion nicht gibt. Genitiv und Akkusativ haben eine gemeinsame Form:

		Nominativ	Genitiv/Akkusativ	Dativ
Sing.	1. com.	*anāku*	*jâti*	*jâšim*
	2. mask.	*atta*	*kâti* (*kâta*)	*kâšim*
	2. fem.	*atti*	*kâti*	*kâšim*
	3. mask.	*šū*	*šuāti* (*šuātu, šâti/u*)	*šuāšim* (*šâšim*)
	3. fem.	*šī*	*šuāti, šiāti* (*šâti*)	*šuāšim, šiāšim* (*šâšim*)
Plur.	1. com.	*nīnu*	*niāti*	*niāšim*
	2. mask.	*attunu*	*kunūti*	*kunūšim*
	2. fem.	*attina*	*kināti*	**kināšim*
	3. mask.	*šunu*	*šunūti*	*šunūšim*
	3. fem.	*šina*	*šināti*	**šināšim*

Die Formen *šiāti* und *šiāšim* für 3.f.sg. sind (fast) nur in der Poesie bezeugt. In anderen Texten werden stattdessen die genuin maskulinen Entsprechungen verwendet: *šuāti* und *šuāšim.*

Einige Präpositionen werden mit dem Pronominalsuffix gebraucht (z. B. *ittīka* „mit dir"), andere mit dem selbständigen Personalpronomen im Genitiv (*kīma jâti* „wie ich"). Eine

Ausnahme bildet *ana*; diese Präposition wird mit dem selbständigen Personalpronomen im Dativ konstruiert (*ana jâšim* „zu mir").

Im Zusammenhang mit finiten Verbalformen werden Personalpronomina zur besonderen Hervorhebung des Subjekts oder Objekts verwendet: *atta tallik* „du (selbst) bist gegangen"; *jâti gimlanni* „tu mir einen Gefallen!" (*gamālum*).

Die Personalpronomina der 3. Person werden auch häufig attributiv im Gefolge eines Substantivs gebraucht und haben dabei anaphorische Funktion (→ 7.6.2). Sie verweisen auf vorher schon erwähnte Personen oder Gegenstände und sind mit „der (eben) genannte/erwähnte/betreffende" oder einfach mit „jener" bzw. „dieser" zu übersetzen (vgl. hebr. *hahūˀ*, *hahīˀ*, *hāhæm*, z.B. *hammælæk hahūˀ* „jener König"). Beispiele: *wardum šū* „der betreffende Sklave"; *bīt awīlim šuāti* „das Haus des betreffenden Mannes".

4.2 Der Nominalsatz

Nominalsätze sind Sätze ohne eine finite Verbalform (als Prädikat). Das nominale Prädikat ist häufig durch die hervorhebende enklitische Partikel *-ma* (→ 6.7) erweitert. Viele Nominalsätze haben ein Personalpronomen als Subjekt. Eine sogenannte Kopula (Hilfsverb „sein") gibt es im Akkadischen nicht:

Adad šarrum-ma	„(Der Gott) Adad ist (der) König"	(Abfolge: Subjekt — Prädikat)
abī atta	„du bist mein Vater"	(Abfolge: Prädikat — Subjekt).

Mit Hilfe der Wunschpartikel *lū* (vgl. dazu → 7.1.2-3) kann ein nominaler Aussagesatz in einen Wunschsatz umgewandelt werden: *bēlet kala ilī lū šumkī* „Herrin aller Götter soll dein Name sein!".

4.3 Elemente der Phonologie

4.3.1 Die konsonantischen Phoneme

Für das Ursemitische werden (mindestens) 23 Verschluss- und Reibelaute angesetzt. Von diesen sind die im Folgenden grau hinterlegten Phoneme im Akkadischen der altbabylonischen Zeit nicht (mehr) nachweisbar:

	1.	2.	3.	4.	5.	6.	7.	8.	9
stl.	p	t	ṯ	s, š	ś	k	ḫ	ḥ	h, ʔ
emph.		ṭ	ṯ̣	ṣ	ṣ́	q			
sth.	b	d	ḏ	z		g	ǵ	ʕ	

Zu diesen konsonantischen Phonemen im engeren Sinn, die sich hinsichtlich ihrer Artikulationsstellen (1. = Labiale; 2. = Dentale; 3. = Interdentale; 4. Sibilanten; 5. Laterale; 6. Palatale; 7. = Uvulare; 8. = Pharyngale; 9. = Laryngale) und ihrer Atrikulationsart (stl. = stimmlos, emph. = emphatisch, sth. = stimmhaft) klassifizieren lassen, kommen die Halbvokale *w* und *j* (= *y*), die Liquiden *l* und *r* sowie die Nasale *m* und *n*. Auf diese Weise ergibt sich eine Summe von insgesamt 29 für das Ursemitische anzusetzenden konsonantischen Phoneme, entsprechend der Anzahl der Schriftzeichen des altsüdarabischen Alphabets.

Das Akkadische differenziert demgegenüber ab der altbabylonischen Zeit wahrscheinlich nur noch 20 konsonantische Phoneme. Es besitzt keine Interdentale (Kolumne 3), keine Laterale (Kol. 5), keine Pharyngale (Kol. 8) sowie kein *ǵ* und kein *h*. Wie im Hebr. sind die Interdentale mit den Sibilanten zusammengefallen (*ṯ* wurde dabei zu *š*) und der emphatische Lateral (Kol. 5) fiel — ebenfalls wie im Hebr. — mit ṣ zusammen. Ferner fiel — anders als im Hebr. — *ś* mit *š* zusammen, und ǵ, *ḥ*, ʕ (ʕAyin) und auch *h* fielen mit ʔ (Aleph) zusammen, so dass wir insgesamt fünf verschiedene Aleph-Varianten differenzieren können. Der stimmlose Pharyngal *ḫ* blieb — anders als im Hebr., wo er mit *ḥ* zusammenfiel — erhalten.

Die fünf Aleph-Phoneme des Akkadischen sind demnach:

$ʔ_1$: = ʔ (ursprüngliches Aleph)
$ʔ_2$: = *h* (He)
$ʔ_3$: = *ḥ* (Ḥeth)
$ʔ_4$: = ʕ (ʕAyin)
$ʔ_5$: = *ǵ* (Ǵayin)

Ungleiche Phonementsprechungen Akkadisch vs. Hebräisch:

Akkad.	**Hebr.**
š	š und *ś*
ḫ	*ḥ*
ʔ	ʔ, *h*, *ḥ*, ʕ

Ungleiche Phonementsprechungen Hebräisch vs. Akkadisch:

Hebr.	Akkad.
ś	*š*
ḥ	*ḫ*, *ʾ*
ʿ	*ʾ*
h	*ʾ*

4.3.2 Die vokalischen Phoneme

Das Akkadische kennt vier Vokale in kurzer und langer Quantität:

kurz	lang
a	*ā*
e	*ē*
i	*ī*
u	*ū*

a, *i* und *u* sind die drei primären Vokale; *e* ist ein sekundärer Vokal, der historisch entweder auf *a* oder *i* zurückgeht. Einen spezifischen *o*-Vokal scheint das Akkad. nicht als Phonem zu kennen. Zumindest liefert das Schriftsystem keinen Hinweis.

Die ursprünglichen Diphthonge *ay* und *aw* wurden im babylonischen Akkadisch zu *ī* und *ū*. Beispiele:

bayt-um > *bītum* „Haus"
mawt-um > *mūtum* „Tod"
ʿayn-ayn > *īnīn* (Obl.) „(beide) Augen"

Vokale, die aus Kontraktionen von ursprünglichen Triphthongen (z.B. *-aju-*) entstanden sind, werden mit Kontraktions-"Zirkumflex" umschrieben: *â*, *î*, *ê*, *û* (z.B. *-iju-* > *-û-* in *rabûm* [< **rabijum*] „groß").

4.3.3 Lautveränderungen im Bereich der Konsonanten

4.3.3.1 Geers´sches Gesetz (der Emphatendissimilation)

Im Gegensatz zu anderen semit. Sprachen duldet das Akkadische nicht zwei emphatische Konsonanten in einer Wurzel. In den betreffenden Fällen wird einer der Emphatika de-emphatisiert, d.h. zu seinem stimmlosen Pendant verändert: *ṣ* > *s* vor *q*; *q* > *k* vor *ṣ*; *ṭ* > *t* in Wortformen mit *q* bzw. *ṣ* (gilt allgemein, unabhängig von der Position). Beispiele:

**qaṣārum*	>	*kaṣārum* „binden"
**qaṭnum*	>	*qatnum* „dünn" [hebr. *qāṭā/ôn* „klein"]

4.3.3.2 Barth´sches Gesetz (*ma-* > *na-* in labialhaltigen Wurzeln)

In ursprünglichen *maprVs*-Nominalformen wird das Präformativ *ma-* zu *na-* dissimiliert (d. h. *maprVs* wird zu *naprVs*), wenn die zugrundeliegende Wurzel des betreffenden Lexems einen Labial enthält (*b*, *p* oder *m*). Beispiele:

markab**tum* > *narkabtum* „(Kriegs-)Wagen" [hebr. *mærkābâ*]
ma*^{ʕ}*rab**um* > *nērebum* „Eingang" (für die Ablautung *a* > *e* siehe → 4.3.4.1) [hebr. *ma*^{ʕa}*rāb* „Sonnenuntergang"]
nap**ḫarum* > *napḫarum* „Gesamtheit, Summe"
marktam**um* > *naktamum* „Bedeckung, Hülle"

4.3.3.3 *T*/*S* + *š* > *ss*

Ein Dental (*t*, *ṭ*, *d*) oder ein Sibilant (*š*, *s*, *ṣ*, *z*) entwickelt sich zusammen mit dem *š*-Anlaut eines Pronominalsuffixes (der 3. Person) zu *ss*. Beispiele:

māt-šu > *māssu* „sein Land"
qaqqad-ša > *qaqqassa* „ihr Kopf"
imḫaṣ-šu > *imḫassu* „er (er)schlug ihn"
erēš-šu > *erēssu* „sein Wunsch"

Hintergrund dieses eigentümlichen Lautwandels: Das Phonem *s* wurde wahrscheinlich als Affrikate [^{t}s] artikuliert. Somit wurde *māssu* „sein Land" als [mā^{tt}su] gesprochen. Ebenfalls affriziert waren die Phoneme z = [^{d}z] und ṣ = [^{t}s']. Demgegenüber war das Phonem *š* sicher nicht affriziert; es wurde im aB wahrscheinlich wie gewöhnliches [s] gesprochen.

Vgl. in diesem Zusammenhang auch das Adj. *marṣum* „krank", dessen Fem. *maruštum* < **maruṣtum* lautet (Erklärung: ṣ wird vor *t* de-affriziert, d.h. ungefähr wie [s] gesprochen und folglich mit *š* geschrieben).

4.3.3.4 **jV* > V im Wortanlaut

Wortanlautendes **ja-* wird häufig, wortanlautendes **ji-* immer zu *i-*. Beispiele:

**jadum* > *idum* „Hand"
**jiṣbat* > *iṣbat* „er ergriff / fasste an"

Wortanlautendes **ju-* wird zu *u-*. Beispiel:

**jupaḫḫir* > *upaḫḫir* „er versammelte"

4.3.3.5 Schwund von Aleph (bzw. Laryngalen allgemein)

a. Im Wortanlaut wird Aleph nicht geschrieben und deshalb auch nicht transkribiert, z.B. *akālum* „essen" (< *ˀakālum*) oder *alākum* „gehen" (< *halākum*).

b. Am Silbenende schwindet Aleph unter Ersatzdehnung des vorangehenden Vokals: **nahrum* > *nārum* „Fluss"; **baˁlum* > *bēlum* „Herr" (für den begleitenden Lautwandel **a* > *e* siehe → 4.3.4.1).

c. Am Wortende geschieht im Prinzip das Gleiche; allerdings wurde die Vokallänge wahrscheinlich (aus Betonungsgründen) sekundär wieder aufgegeben, z.B. **jimlaˀ* > *imlā* > *imla* „er füllte" (aber: *imlā-ma*); **maliˀ* > *malī* > *mali* „er ist voll".

d. Eine besondere Entwicklung liegt bei *pVrs*-Nominalformen III-ˀ vor: Aus einer Wortform wie **zarˁum* entwickelt sich unter Schwund des ˀ und Dehnung des vorausgehenden Stammvokals(!) eine Form *zērum* („Same, Saat" [hebr. *zæraˁ*]; für den begleitenden Lautwandel **a* > *e* siehe → 4.3.4.1). Weitere Beispiele:

**qamḥum*	>	*qēmum* „Mehl"
**quṣˀum*	>	*kūṣum* (Variante: *kuṣṣum*) „Kälte, Winter"

Analog entwickelten sich *pVrs*-Bildungen von Nomina III *j/w*:

**bišjum*	>	*bīšum* „Besitztum, Habe"
**minwum*	>	*mīnum* „Zählung, Zahl"

4.3.3.6 Assimilation von vokallosem *n*: **nK* > *KK*

Vokalloses *n* wird — wie im Hebr. — in der Regel an einen unmittelbar folgenden Konsonanten assimiliert. Beispiele (vgl. hebr. Entsprechungen):

**ˀanta* > *atta* „du" (m.)
**ˀanpum* > *appum* „Nase"
**jinparras* > *ipparras* „er/sie wird abgetrennt werden" (*parāsum*, N-Stamm, Präs.)

Diese Assimilation kann auch über die Morphemgrenzen hinweg eintreten (der Befund allerdings nicht einheitlich, z.B. *iddin-šu* neben *iddiššu* „er wird es geben" (*nadānum*, Präsens + Suffix).

4.3.4 *Lautveränderungen im Bereich der Vokale*

4.3.4.1 *a* > *e* (als Folge des Schwundes von ʔ$_{3\text{-}5}$)

Schwindet ʔ$_{3\text{-}4}$ (etymologisches *ḥ* bzw. ʕ) am Silbenende (vgl. → 4.3.3.5), so zieht dies eine Umlautung eines nach → 4.3.3.5 gelängten *a*-Vokals zu *ē* in der betreffenden Silbe nach sich. Sporadisch tritt das Phänomen auch bei Schwund von ʔ$_5$ (etymologischem *ǵ*) und — seltener — ʔ$_2$ (etymologischem *h*) ein. Im Babylonisch-Akkadischen (nicht aber im Assyrischen) werden zudem alle anderen anderen ursprünglichen *a*-Vokale in der gesamten Wortform zu *e* abgelautet (Vokalharmonie). Beispiele:

**baʕlat* (St.cs.)	> *bēlet* (assyrisch aber: *bēlat*) „Herrin"
**ẓahrum*	> *ṣērum* „Rücken; Steppe"
	(vgl. hierzu aber auch → 4.3.4.2 [dritter Radikal = *r*])
**talqaḥ*	> *telqē* > *telqe* (assyrisch: *talqe*) „du wirst nehmen"

Bei Verbalformen, deren erster Radikal auf ʔ$_{3\text{-}5}$ zurückgeht (Verben I ʔ mit Umlaut), werden ursprüngliche *a*-Vokale (kurze und lange Vokale) infolge des Schwundes von Aleph grundsätzlich zu *e* umgelautet: *a* > *e*; *ā* > *ē*.

Präs.	*ippeš*	< **jiḥappaš*	"er/sie macht"
Perf.	*ītepeš*	< **jiḥtapaš*	"er/sie hat gemacht"
Inf.	*epēšum*	< **ḥapāšum*	"machen"

4.3.4.2 *a* > *e* (in der Nachbarschaft von *r* und *ḫ*)

Auch in Wortformen, die *r* oder *ḫ* enthalten, lauten im Babylonischen ursprüngliche *a*-Vokale zu *e* ab:

**arratum*	> *erretum* „Fluch" [vgl. hebr. *ʔrr* „verfluchen"]
**šabārum*	> *šebērum* „brechen" [hebr. *šbr*]
**ṭaḫûm*	> *ṭeḫûm* „sich nähern"

Desgleichen lautet im Babylonischen auch ein ursprünglicher *i*-Vokal vor silbenschließendem *r* oder *ḫ* gewöhnlich zu *e* ab, z.B. **utirrū* > *uterrū* „sie brachten zurück" (*târum* D-Stamm).

4.3.4.3 Vokalsynkopen

Bei einer ursprünglichen Abfolge von zwei offenen Silben wird der Vokal der zweiten Silbe regelmäßig synkopiert (= Vokalsynkope KVKV- > KVK-). Beispiele:

**damiqum*	> *damqum* „gut" (Adjektiv; fem. *damiqtum*)
**šalimāta*	> *šalmāta* „du bist gesund, heil" (Stativ; Form 3.m.sg.: *šalim*)

Lernvokabular (4)

Substantive:

aklum, akalum — Brot, Speise [vgl. hebr. *ˀōkæl*]
amtum — Dienerin, Magd, Sklavin [hebr. *ˀamâ*]
appum — Nase [hebr. *ˀap*]
arnum — Schuld, Unrecht, Sünde; Strafe
dullum — Mühe, Arbeit
eqlum — Feld, Acker (mask.; aber Pl. *eqlētum*) [arab. *ḥaql* „Feld, Acker"; Eselsbrücke: vgl. hebr. *ḥēlæq* „Anteil, Feld"]
eṭlum — junger Mann
iṣṣūrum — Vogel [vgl. hebr. *ṣippōr*, arab. *ˁuṣfūr*]
kalbum — Hund [hebr. *kælæb*]
muḫḫum — Schädel, Kopf; Oberseite
mutum — Mann, Ehemann [hebr. *mᵉtīm* „Männer"]
napḫarum — Gesamtheit, Summe
napištum — Seele, Leben, (das) Selbst [hebr. *næpæš*, mit fem. Genus] (poetische Nebenform: *napšatum*)
narkabtum — Wagen, Kriegswagen [hebr. *mærkābâ*]
nārum — Fluss [hebr. *nāhār*]
nūnum — Fisch [vgl. den hebr. Buchstabennamen *nūn*]
pûm, pīum — Mund (St.cs. *pī*) [hebr. *pæʰ*]
qēmum — Mehl [hebr. *qæmaḥ*]
rēšum — Kopf; Beginn [hebr. *rōˀš*]
ṣalmum — Bildnis, Bild, Statue [hebr. *ṣælæm*]
ṣērum — Rücken, Oberseite; Steppe, offenes Land [arab. *ẓahr* „Rücken"]
šadûm — Berg [vgl. hebr. *śādæʰ* „Feld"]
šamnum — Öl, Fett [hebr. *šæmæn*]

Adjektive:

mādum — viel, zahreich [hebr. *mᵉˀōd*]
sarrum — falsch, verbrecherisch [vgl. hebr. *srr* „widerspenstig, störrisch sein"]

Präpositionen (zusammengesetzt):

ana ṣēr(i)	hin zu; gegen (eigtl.: zu dem Rücken von)
ina ṣēr(i)	(hinauf) auf
ina muḫḫi	auf (eigtl.: auf die Oberseite von)
ina qereb	inmitten von [hebr. *bᵉ-qæræb*]

Andere Partikeln:

inanna	jetzt, nun; wohlan (< *ina* + *anna*)
lū	
lū . . . lū	entweder . . . oder
ū lū	oder (vgl. *ū* oder)
umma	so, folgendermaßen (spricht/sprach ...); leitet eine direkte Rede ein

Übungen (4)

Gilgameš(ᵈGIŠ) *šu-mi a-na-ku* (*anāku* verstärkt hier semantisch das Suffix in *šumī*)
um-ma šu-ú-ma (= *šū-ma*)
a-wi-lum šu-ú ki-ma ia-ti šàr mi-ša-r-im ... (KḪ Epilog)
a-na ka-ši-im
a-ra-an di-nim šu-a-ti (KḪ § 13)
wardam(ÌR) *šu-a-ti*
sinništam(MUNUS) *šu-a-ti* (zu *šuāti* für das Fem. siehe → 4.1, Bemerkung)
ú-ul be-el-ti at-ti
ú-ul a-bi at-ta ú-ul um-mi at-ti (zwei unverbundene Sätze)
ú-ul ma-ru-ni at-ta
i-na-an-na be-el-ti at-ti (Klage „Ištar Bagdad“[1], Z. 20)

aš-ša-sú (< *aššat-šu*)
aš-ša-tum ù mu-us-sà
be-le-sà (< *bēlet-ša*)
eqel(A.ŠÀ)*-šu* ... *ù bīs*(É)*-sú*
ma-sú (< *māt-šu*)

1 Text nach M. P. Streck, in: Festschrift C. Wilcke, Wiesbaden 2003, 301-312.

a-wi-lum šu-ú a-na i-ša-tim šu-a-ti in-na-ad-di

inaddi: „er wird geworfen werden“ (*nadûm* N) (KḪ § 25)

i-na di-nim šu-a-ti

^d^*Anunna*(A.NUN.NA) *i-na napḫarī*(ŠU.NIGÍN)*-šu-nu*

In Transkription:

ana maḫar ^d^*Šamaš idīša iššī* (*iššī*: „sie/er erhob“ [Verb *našûm*, Präteritum])
attā-ma kabtāta ina ilī rabûtim (*kabtāta* „du bist wichtig/mächtig” [Stativ, → 6.1]).

Lektüre (4)

KḪ § 281 (Ende der Apodosis)

... *lu waras*(ÌR)*-sú lu amas*(GEMÉ)*-sú i-pa-ṭár*[!]

- *ipaṭṭar*: „er wird auslösen, freikaufen“ (*paṭārum*, Präsens [hebr. *pṭr* „hervorbrechen“]).

KḪ § 214 (Protasis)

šum-ma amtum(GEMÉ) *ši-i im-tu-ut*

- *imtūt*: „sie ist (danach/dann) gestorben“ (*mâtum*, Perfekt 3.c.sg.).

Gilgamesch-Epos (aB Version), OB III, Z. 111-112

[111] *pi šu* ^d^*girrum*(GIRA)*-ma* [112] *na-pi-is-su mu-tum*

girrum „Feuer“ (sumerisches Lehrnwort).
napissu: *napšum* (St. cs. *napiš*) „Atem“ (nur poetisch); vgl. *napištum* [hebr. *næpæš*].

Gilgamesch-Epos (aB Version), OB II, Z. 232-233

^d^*En-ki-du*$_{10}$ *a-na ša-ši-im* [233] *is-sà-qar-am a-na* ^d^*Gilgameš*(GIŠ)

- *Enkidu*: Freund des Gilgamesch, des Königs von Uruk.
- *issaq(q)aram*: Verb *saqārum* = *zakārum* „sprechen“, G-Perf. oder Gt-Präs. 3.m.sg. (< **istaq(q)aram* [*ss* < *st*]): „er sprach / spricht“.

Lektion 5

Der Grundstamm des starken Verbs (I): Präsens, Präteritum, Imperativ, nominale Formen

5.1 *Einführung*

5.1.1 Verbale Wurzeln haben – von wenigen Ausnahmen abgesehen – drei Radikale. Beim starken Verb handelt es sich dabei um drei echte Konsonanten, die keinen besonderen lautlichen Veränderungen unterliegen. Als Paradigmenverb wird *parāsum* „trennen, entscheiden" verwendet, die Infinitivform der Wurzel *prs*, die aus den Radikalen *p*, *r* und s besteht.

5.1.2 Es gibt zwei semantischen Gruppen von Verben:

1. Zustandsverben (viele davon lassen sich auf Primäradjektive zurückführen) wie etwa *damāqum* „gut sein/werden" (zu Adjektiv *damqum* „gut").

2. Fientische Verben (Handlungsverben) schildern Handlungen und Vorgänge wie *šakānum* „setzen, stellen" oder *amārum* „sehen".

Die Flexion ist bei beiden Verbaltypen überwiegend identisch. Es bestehen jedoch einige grundlegende formale und funktionale Differenzen.

5.1.3 Im Grundstamm (entsprechend hebr. „Qal") liegt die Verbalwurzel ohne jegliche Zusätze vor (zu den sogenannten abgeleiteten Verbalstämmen siehe die Lektionen 8 ff.).

Im Grundstamm lassen sich bestimmte *Bedeutungsklassen* unterscheiden, die sich bis zu einem gewissen Grad auch formal im Themavokal, dem Vokal zwischen zweitem und drittem Radikal in den beiden wichtigsten präfigierten Tempusformen, Präsens und Präteritum, widerspiegeln:

1. Bei den Zustandsverben ist der Themavokal meist durchgehend *i* (z. B. Präsens *idammiq* „er/sie wird gut", Präteritum *idmiq* „er/sie war/wurde gut"), seltener *a*.

2. Bei den fientischen Verben gibt es vier Themavokal-Klassen:

	Präsens	Präteritum	
Ablaut (*a/u*)	*iparras*	*iprus*	*parāsum* „trennen, entscheiden"
a	*iṣabbat*	*iṣbat*	*ṣabātum* „packen"
i	*ipaqqid*	*ipqid*	*paqādum* „anvertrauen"
u	*irappud*	*irpud*	*rapādum* „laufen"

5.1.4 *Wortstellung*: Die finite Verbalform (wie etwas Präs. oder Prät.) nimmt im Akkadischen — anders als im Hebräischen und den meisten anderen semit. Sprachen — die Endposition im Satz ein, z.B. *awīlum namkūr ilim iširq* „ein/der Mann stahl das Eigentum des Gottes" (Subjekt — Objekt — Verb [SOV]). In der Poesie sind allerdings andere Wortstellungen möglich und gängig, z.B. *mūtam iškunū ana awīlūtim* „den Tod gaben sie der Menschheit"; *īliṣ libbašuma pānūšu ittamrū* „Es schwoll an sein Herz (vor Freude), seine Gesicht strahlte" (hier zwei Sätze mit chiastischer Anordnung der Satzglieder).

5.2 Die „Tempora" des Akkadischen

Das Akkadische kennt vier „Tempora": 1. Präsens (Präs.), 2. Präteritum (Prät.), 3. Perfekt (Perf.) und 4. Stativ (Stat.). Die Kategorien 1 - 3 sind Varianten der Präfixkonjugation (bzw. Präformativkonjugation). Der Stativ (4.) wird allein durch Suffixe (Afformative) gebildet und entspricht damit formal der Suffix- bzw. Afformativkonjugation („Perfekt") des Hebräischen. Er hat sich aus einer nominalen Kategorie entwickelt (konjugiertes Verbaladjektiv).

Die Zitierformen (3. com. Sg.) der Tempora des Grundstamms lauten (Paradigmenwurzel *prs* „trennen, entscheiden"):

	Präs.	Prät.	Perf.	Stat.
3. com. Sg.	*i-parras*	*i-prus*	*i-ptaras*	*paris*

5.3 *Präsens und Präteritum*

5.3.1 Die beiden Haupttempora sind *Präsens* (Präs.) und *Präteritum* (Prät.). Sie stehen in direkter semantischer Opposition zueinander. Bei diesen Tempusformen (sowie auch beim Perfekt [→ 6.2]) lautet das Schema der Präfixe (bzw. Präformative) und — soweit vorhanden — der Suffixe (bzw. Afformative) folgendermaßen:

		Präsens	Präteritum
Singular			
3. Ps. com.(!)	*i-*	*iparras*	*iprus*
2. Ps. mask.	*ta-*	*taparras*	*taprus*
2. Ps. fem.	*ta-. . . .-ī*	*taparrasī*	*taprusī*
1. Ps. com.	*a-*	*aparras*	*aprus*
Plural			
3. Ps. mask.	*i-. . . .-ū*	*iparrasū*	*iprusū*
3. Ps. fem.	*i-. . . .-ā*	*iparrasā*	*iprusā*
2. Ps. com.(!)	*ta-. . . .-ā*	*taparrasā*	*taprusā*
1. Ps. com.	*ni-*	*niparras*	*niprus*

5.3.2 Das *Präteritum* ist die einfache Variante (oder: „Kurzform") der Präformativkonjugation. Der Stamm lautet *-PRuS-* (statt *u* sind auch die Themavokale *i* und *a* möglich). Die Kategorie entspricht der (Kurzform der) Präfixkonjugation des Hebräischen *yiktob*, funktional konkret dem „Narrativ" *way-yiktob* („und er schrieb").

5.3.3 Das *Präsens* ist eine bzw. „die" markierte Variante der Präfixkonjugation. Seine Kennzeichen sind die Längung (Verdoppelung) des mittleren Radikals und der *a*-Vokal zwischen erstem und zweitem Radikal. Der Stamm lautet also *-PaRRaS-* (anstelle des zweiten *a*-Vokals sind auch die Themavokale *i* und *u* möglich). Diese Bildung hat keine Entsprechung im Hebräischen, wohl aber in äthiopischen und neusüdarabischen Sprachen (Mehri u.a.).

Die Längung des mittleren Radikals kommt in der Schrift häufig nicht zum Ausdruck, z.B. *i-na-ki-su* = *inakkisū* „sie werden abschneiden".

5.3.4 Man beachte besonders:

- Die Form 3.m.sg. — *iparras/iprus* — zugleich auch für das Femininum (3.f.sg.) gebraucht wird. Dies gilt allerdings nur für das Babylonische. Im Assyrischen und sporadisch auch in der babylonischen Poesie lautet die 3. Ps. f.sg. erwartungsgemäß *taparras / taprus.*

- Ebenfalls communis ist die Form der 2. Ps. pl.: *taparrasā / taprusā.*
- Das Präfix *i-* der 3. Personen geht auf **ji-* zurück (z.B. *iprus* < **jiprus*).

5.3.5 Bemerkungen zum *Tempus/Aspekt-System*

Das *Präteritum* diente ursprünglich wohl primär zur Bezeichnung perfektiver (punktueller) Sachverhalte; es ist das normale Tempus der Vergangenheit und damit auch das gewöhnliche Erzähltempus (Narrativ).

Das *Präsens* bezeichnet imperfektive Sachverhalte und dient als Tempus für Gegenwart und Zukunft (Präsens/Futur). Wenn es sich auf die Vergangenheit bezieht, bringt es durative (sich zeitlich erstreckende), iterative (sich wiederholende) oder habituelle (gewohnheitsmäßige) Sachverhalte zum Ausdruck. Hervorzuheben ist eine besondere — vor allem in der Epik verbreitete — Verwendungsweise, in der das Präsens (meist) unverbunden im Gefolge einer Tempusform der Vergangenheit (Präteritum oder Perfekt) begegnet und eine bei- bzw. untergeordnete Handlung zum Ausdruck bringt (Umstandssatz). Beispiel:

ittašab ibakki (*wašābum*, Perfekt + *bakûm*, Präsens)
„er setzte sich nieder und weinte dabei / um zu weinen".

5.4 *Imperativ*

Als Imperativ (des Grundstamms) dient die verbale Wurzel mit Themavokal, ohne Zusatz; jedoch wird zur Auflösung der anlautenden Doppelkonsonanz nach dem 1. Radikal ein Hilfsvokal eingeschoben, der meist mit dem folgenden Themavokal identisch ist, z.B.

purus < **prus* vgl. hebr. *k*[e]*tōb* < **ktub* („schreib!").

Bei einigen Verben der *a*-Klasse lautet der Hilfsvokal aber *i*, z.B. *limad* „lerne, erfahre!". Bei Antritt vokalischer Suffixe fällt der zweite Vokal aus. Die Formen lauten (zu den Paradigmenverben vgl. → 5.1.3: 2; ferner: *lamādum* „lernen"):

Vokalklasse		*a/u*	*a*	*a*	*u*	*i*
Sg.	mask.	*purus*	*ṣabat*	*limad*	*rupud*	*piqid*
	fem.	*pursī*	*ṣabtī*	*limdī*	*rupdī*	*piqdī*
Pl.	com.(!)	*pursā*	*ṣabtā*	*limdā*	*rupdā*	*piqdā*

5.5 Partizip

Die vom Verb abgeleitetenden nominalen Formen sind Partizip, Verbaladjektiv und Infinitiv. Die beiden ersteren sind – syntaktisch betrachtet – Adjektive, der Infinitiv ist ein Verbalsubstantiv.

Das Partizip (aktiv) des Grundstamms wird nach der Nominalform *pārisum* gebildet (entspricht hebr. *kôtēb* < **kātib*). Da Partizipien Adjektive sind, werden sie gewöhnlich wie diese dekliniert:

Sg.	mask.	*pārisum (-im, -am)*
	fem.	*pāristum (-im, -am)*
Pl.	mask.	*pārisūtum (-im)*
	fem.	*pārisātum (-im)*

Partizipien werden fast immer nominal, d.h. mit folgendem Genitivausdruck konstruiert, z.B. *pāliḫ ilī* „gottesfürchtig" (bzw. „der Gottesfürchtige"), und nur selten wie Verben mit direktem Objekt.

Partizipien können auch substantiviert gebraucht werden, z.B. als Berufsbezeichnungen. Vgl. etwa

rābiṣum	Pl. *rābiṣūtum* „die sich lagernden (Tiere usw.)", gegenüber
rābiṣum	Pl. *rābiṣū* „die Wächter" (mit Pluralbildung eines Substantivs).

Von Adjektiven abgeleitete Eigenschaftsverben bilden im Grundstamm kein Partizip (zum Beispiel wird zu *damqum* „gut" nie ein Partizip **dāmiqum* gebildet). Man vergleiche hebr. *kābēd* „schwer sein" mit „Partizip" = Primäradjektiv *kābēd* „schwer" (es gibt keine Form **kôbēd*).

Pronominalsuffixe an Partizipien – formal Possessivsuffixe – haben oft semantisch Objektfunktion, z.B. *pāliḫ-ka* „der, der dich fürchtet/verehrt" (eigentlich „dein Fürchter"), *rāʾimī-ki* „dessen, der dich liebt".

5.6 Verbaladjektiv

Das Verbaladjektiv – es entspricht semantisch (aber nicht formal) dem passiven Partizip westsemitischer Sprachen – hat die Form *parsum* und wird ebenfalls wie ein Adjektiv dekliniert. Es hat in der Regel passivische Bedeutung, zum Beispiel *nadānum* „geben“ mit Verbaladj. *nadnum* „gegeben“: *bītum nadnum* „das gegebene/geschenkte Haus“.

5.7 *Infinitiv*

5.7.1 Der Infinitiv (Inf.) wird nach der Nominalform *parāsum* gebildet und entspricht formal dem hebr. Inf. abs. *kātôb* < **katāb*. Er wird gebraucht wie der hebr. Inf. absolutus einerseits und — häufiger — wie der hebr. Inf. constructus andererseits.

Er kann *nominal* (im St. cs.) mit abhängigem Genitiv oder *verbal* (im St. rectus) mit einem Objekt im Akkusativ konstruiert werden:

ina kašād ālim	„beim Erreichen der Stadt“
ālam ina kašādim	„beim Erreichen der Stadt“.

Oft folgt der Inf. — wie in den eben vorgestellten Beispielen — einer Präposition, insbesondere *ina* und *ana*. Nach *ina* hat der Inf. meist temporalen, nach *ana* meist finalen Sinn (vgl. den hebr. Inf. constructus nach *b*ᵉ und *l*ᵉ):

ina kašādī-ja	„bei meinem Ankommen“ = „wenn ich ankomme“
ana epēš bītim	„zum Bauen eines Hauses“ = „um ein Haus zu bauen“
ana naṣārim	„zum Bewachen“ = „um zu bewachen“.

Seltener als im Hebr. wird der Inf. in der sogenannten *figura etymologica* gebraucht (paronomastische Infinitiv-Kontruktion zur Verstärkung des durch das finite Verb ausgedrückten Sachverhalts). Der Inf. steht dann vor der finiten Verbalform, und zwar im Kasus des Lokativs(!), und ist in der Regel erweitert durch die enklitische Partikel *-ma* (→ 6.7):

ḫadûm-ma ḫadi	„er ist hocherfreut“
šapārum-ma ašpur	„ich habe ganz bestimmt gesandt“
tabālum-ma tatbal	„du hast gewiss weggenommen ...“.

5.7.2 Weitere Beobachtungen zur Syntax:

Wird der Infinitiv verbal konstruiert, lautet die Wortstellung oft „Objekt (im Akk.) — Präposition — Infinitiv“, z.B.

ṭuppī anniam ina šemêm	„beim Hören dieser meiner Tafel“
	= „wenn (er) . . . hört“

raggam u ṣēnam ana ḫulluqim	„um den Bösen und Gehässigen zu vernichten".

Tritt das Objekt unmittelbar hinter die Präposition, von der der Inf. abhängt, wird es durch eine Art Kasusangleichung oft in den Genitiv gesetzt, als ob es selbst von der Präposition abhinge, z.B.

ana bītim epēšim	„um ein Haus zu bauen"
entspricht: *bītam ana epēšim*	
ana ebūrim kamāšim	„um die Ernte einzubringen".

Bei verbaler Rektion kann der Inf. wie eine finite Verbalform ein Subjekt und ein Objekt haben, z.B. *dannum enšam ana lā ḫabālim* „damit der Starke dem Schwachen kein Unrecht antut".

Lernvokabular (5)

Nomina (u.a):

arkum	lang [hebr. *ʾrk* „lang sein"]
dajjānum	Richter [hebr. *dayyān*]
damqiš	auf gute / genaue Weise [Adverb zu Adj. *damqum*]
eleppum	Schiff (fem. Genus)
imērum	Esel [hebr. *ḥᵃmōr*]
immerum	Schaf [hebr. **ʾimmēr* „Lamm"]
iṣum	Holz, Baum; Pl. *iṣṣū* [hebr. *ʿēṣ*]
kaspum	Silber (logographisch: KÙ.BABBAR) [hebr. *kæsæp*]
kirûm	Obstgarten, Dattelhain (sumer. Lehnwort: KIRI_6)
kittum	Stetigkeit, Wahrheit, Rechtschaffenheit, Gerechtigkeit (Pl. *kīnātum*) [vgl. hebr. *kēn*]
lemuttum	Böses, Schlechtes (vgl. Adjektiv *lemnum* „böse, schlecht")
mû	Wasser (immer Plural-Form), Obl. *mê*, St. cs. *mê* [hebr. *máyim* (auch Plural, nicht Dual: < *may-īm*)]
namkūrum	Besitz, Eigentum
nīšum	(Eid beim) Leben; mit *zakārum* „einen Eid (bei jmdm.) schwören"
purussāʾum/purussûm	Entscheidung, Rechtssatz (Verb *parāsum*)
warkatum	Rückseite, Hintergrund; Rechtsfall [vgl. hebr. *yᵉrēkâ* „Rückseite, Seite"]

Verben:

alākum (a/i)	gehen, weggehen [hebr. *hlk*]
gamārum (a/u)	zu Ende bringen, vollenden; erledigen [hebr. *gmr*]
kašādum (a/u)	erreichen, ankommen; erobern
maḫāṣum (a/a)	schlagen [hebr. *mḥṣ*]
nadānum (i/i)	geben [hebr. *ntn*]
nakāsum (i/i)	abschneiden, fällen
naṣārum (a/u)	bewachen, bewahren, beschützen [hebr. *nṣr*]
palāḫum (a/a)	fürchten, (Götter) verehren
paqādum (i/i)	übergeben, anvertrauen; sich kümmern [hebr. *pqd*]
parāsum (a/u)	(ab)trennen, entscheiden [hebr. *prs* „brechen, spalten"]
saḫārum (u/u)	sich wenden, herumgehen; suchen [hebr. *sḥr* „reisen, ziehen"]
ṣabātum (a/a)	packen, ergreifen, nehmen; Besitz ergreifen, in Besitz nehmen [hebr. *ṣbṭ* „hinlegen, reichen"]
šakānum (a/u)	setzen, stellen, legen; einsetzen; mit *pānum* („Gesicht"): beabsichtigen [vgl. hebr. *škn* „wohnen"]
šaqālum (a/u)	(ab)wiegen; Silber abwiegen = (mit Silber) bezahlen [hebr. *šql*]
šarākum (a/u)	schenken, geben
šarāqum (i/i)	stehlen [arab. *srq*]
šebērum (i/i)	brechen, zerbrechen (transitiv) [hebr. *šbr*]
zakārum (a/u)	(aus)sprechen, nennen [hebr. *zkr* „sich erinnern; erwähnen"]
zamārum (u/u)	singen, besingen [hebr. *zmr*]

Übungen (5)

ip-ru-ús ; *ik-šu-du* ; *iš-ri-iq* ; *im-ḫa-aṣ*

ki-it-tam ù mi-ša-ra-am i-na pī(KA) *ma-tim aš-ku-un* (KḪ Prolog)

a-wa-ti-šu-nu ig-mu-ru

i-na-ṣa-ar (= *inaṣṣar*) ; *i-pa-aq-qí-du*

ni-iš i-lim i-za-kar (= *izakkar*)

i-še-eb-bi-ru (*a* > *e* ; → 4.3.4.2)

i-ṣa-am i-na-ak-ki-su

ritta(KIŠIB.LÁ)-*šu i-na-ki-su*

kaspam(KÙ.BABBAR) *i-ša-qá-lu*

bīs(É)-*sú a-na kaspim*(KÙ.BABBAR) *i-na-ad-di-in*

wa-ar-ka-at a-wa-tim šu-a-ti dam-qí-iš pu-ur-sa-ma ...
pa-li-iḫ ì-lí ; pa-qí-id bi-tim
i-na a-la-ki-šu ; a-na ka-ša-dim

šum-ma a-wi-lum mārat(DUMU.MUNUS) *a-wi-lim im-ḫa-aṣ*
10 šiqil(GÍN) *kaspam*(KÙ.BABBAR) *i-ša-qal*

Lektüre (5)

KḪ § 5 (Anfang)
šum-ma da-a-a-nu-um di-nam i-di-in pu-ru-sà-am ip-ru-ús
- *da-a-a-nu-um* = *dajjānum*.
- *idīn*: „er hat gerichtet" (Verb *diānum* / *dânum*, Prät.).

KḪ § 59 (Protasis)
šum-ma a-wi-lum ba-lum be-el ^{giš}*kirîm*($KIRI_6$) *i-na* ^{giš}*kiri*($KIRI_6$) *a-wi-lim i-ṣa-am ik-ki-is*
- *ikkis*: < **inkis* (Prät. [mit Assimilation von *n*]).

KḪ § 213 (Anfang)
šum-ma amat(GEMÉ) *a-wi-lim im-ḫa-aṣ-ma ...*
- Subjekt des Satzes = *awīlum* (zuvor genannt).
- *-ma*: „und" (verknüpft diesen Satz mit dem folgenden, nicht zitierten); vgl. → 6.7.

KḪ § 8 (Anfang)
šum-ma a-wi-lum lu alpam(GU_4) *lu immeram*(UDU) *lu imēram*(ANŠE) *lu šaḫâm*(ŠAḪ) *u lu* ^{giš}*eleppam*(MÁ) *iš-ri-iq*
- *šaḫûm*: „Schwein".

Eingeweide-Omen (YOS 10, 31 II 24-30)
šum-ma mar-tum is-ḫu-ur-ma ... šar-ru-um ma-ta-am na-ka-ar-[ta]-am i-[ṣa]-ab-ba-at
- *martum*: „Gallenblase".
- *isḫur-ma* (mit enklitischem, verknüpfendem *-ma* „und" [→ 6.7]).
- Mit *šarrum* beginnt die Apodosis (d. h. der Hauptsatz).
- *nakarum*, Fem. *nakartum*: „fremd, feindlich" [vgl. hebr. *nokrī*].

Etana-Epos (aB), OV-I, Kol. I, Z. 6

šar-ra-am la iš-ku-nu ka-lu ni-ši e-pí-a-tim

- *kalû*: Lokativ ohne Mimation (→ 2.6.1), St. cs.
- *epiātim*: *epiātum* / *apâtu* „zahlreich, zahllos" (Adjektiv, fem. Pl.).

Ištar-Hymnus des Ammi-ditana (aB), Z. 1, 3, 57-58

1 *il-ta-am zu-um-ra-a ra-šu-ub-t i i-la-tim*
3 *Ištar zu-um-ra ra-šu-ub-ti i-la-tim*

57 *Ištar a-na Am-mi-di-ta-na šàr-ri ra-i-mi-i-ki*
58 *ar-ka-am da-ri-a-am ba-la-ṭa-am šu-úr-ki*

- *rašubti*: *rašbum*, Fem. *rašubtum* „furchterregend" (St. cs.), hier mit superlativischem / elativischem Sinn.
- *Ištar* (sumer.: Inanna): zentrale mesopotamische Göttin (Liebes- und Fruchtbarkeitsgöttin); vgl. hebr. *ʿAštōræt* (Aschtarte).
- *Am-mi-di-ta-na*: ʿAmmi-ditana, 9. König der 1. (amurritischen) Dynastie von Babylon (17. Jh.).
- *šarri*: Status rectus (Gen.) ohne Mimation.
- *rāʾimī-ki*: *raʾāmum/râmum* „lieben", Part.; vgl. → 5.5.
- *arkam dāriam balāṭam*: Man beachte die außergewöhnliche Voranstellung der attributiven Adjektive (nur in der Poesie zu beobachten; bewirkt eine besondere Betonung der Adjektive).

Lektion 6

Der Grundstamm des starken Verbs (II): Stativ, Perfekt; Subordinativ, Ventiv, Verb mit Objektsuffixen; Partikeln

6.1 Stativ

6.1.1 Der Stativ ist die Suffixkonjugation (bzw. Afformativkonjugation) des Akkadischen. Er entspricht damit dem Perfekt westsemitischer Sprachen, unterscheidet sich aber formal in gewissen Details, vor allem aber hinsichtlich seiner Funktion deutlich vom Perfekt westsemitischer Sprachen.

Der Stativ ist im Grunde ein konjugiertes Verbaladjektiv und damit eine *Zustandsform* ohne temporale Festlegung. Dies ist besonders deutlich bei Zustandsverben zu erkennen, z.B. *damqāta* „du bist/warst gut". Ursprünglich handelt es sich dabei um einen nominalen Satz, konkret um eine Prädikativkonstruktion: **damiq-āta* „du (bist) gut / ein Guter" (*damiq* = endungsloser „Status absolutus" des Adjektivs [→ 3.4]).

Bei den transitiv-fientischen Verben hat der Stativ in der Regel passivische Bedeutung: *paris* „er/es ist entschieden", *nadin* „er/es ist gegeben". Nur bei wenigen Verben hat er (auch bzw. ausschließlich) transitiv-aktivische Bedeutung, z.B. *waldat* „sie hat (Kinder) geboren" im Sinne von „sie hat Kinder".

6.1.2 Der Stativ von fientischen Verben wird immer auf der Basis der Nominalform *paris* gebildet. Bei den Zustandsverben sind neben *paris* auch die Formen *parus* und *paras* belegt: *damiq* „er/es ist gut", *marus* „er/es ist krank", *rapaš* „er/es ist weit". Das Flexionsschema lautet:

Sg.	3. m.	*paris*	Pl.	3. m.	*parsū*
	3. f.	*parsat*		3. f.	*parsā*
	2. m.	*parsāta*		2. m.	*parsātunu*
	2. f.	*parsāti*		2. f.	*parsātina*
	1. c.	*parsāku*		1. c.	*parsānu*
			Dual	3. c.	*parsā*

Formen wie *parsat* (3.f.sg.) oder *parsū* (3.m.pl.) sind aus **parisat* bzw. **parisū* entstanden (mit Synkope des Themavokals *i* [→ 4.3.4.3]; dieser ist nur in der Grundform 3.m.sg. erhalten). Zu *parsāta* (2.m.sg.) ist auch eine Variante *parsāti* (formal wie 2.f.sg.) bezeugt.

6.1.3 Vergleicht man die Endungen des akkad. Stativs mit denen des hebr. Perfekts, fällt vor allem Folgendes auf:

- 1.c.sg. mit Endung *-ku*: *parsā-ku* (gegenüber hebr. *-tī*)
- 3.f.pl. mit Endung *-ā*: *pars-ā* (wie etwa im Präs. und Prät.)
- der „Bindevokal" *-ā-* zwischen dem 3. Radikal und den Endungen in den Formen der 2. und 1. Personen (z.B. 2.m.sg. *pars-ā-ta* gegenüber hebr. *kātab-tā*).

6.1.4 Im Akkadischen können auch *Substantive* in den Stativ gesetzt und konjugiert werden (allerdings geschieht dies vergleichsweise selten). Beispiele:

šarrum	„König":	*šar* „er ist König"
		šarrāku „ich bin (der) König"
bēlum	„Herr":	*bēlēku* „ich bin (der) Herr"
zikarum	„Mann"	*zikarātunu* „ihr seid Männer"
aššatum	„Ehefrau"	*ul aššat* „sie ist nicht (seine) Ehefrau"
amtum	„Magd"	*amat* „sie ist (eine) Magd".

Die Formen der 3. Person wie *šar* „(ist) König" oder *amat* „(ist) Magd" sind nichts anderes als die Formen des endungslosen „Status absolutus" des betreffenden Nomens (→ 3.4).

Häufiger als Substantive werden *Adjektive* in den Stativ gesetzt, z.B. *rabâta* „du bist groß" (zu *rabûm*) oder *damqū* „sie sind gut" (zu *damqum*). Solche Formen können aber auch als von den entsprechenden Verbalwurzeln abgeleitet betrachtet werden (z.B. *rabûm* „groß sein", *damāqum* „gut sein").

6.2 Perfekt

6.2.1 Das akkadische Perfekt – nicht zu verwechseln mit dem Perfekt westsemitischer Sprachen – ist die dritte Kategorie der Präfixkonjugation (neben Präsens und Präteritum). Sie wird mit einem nach dem 1. Radikal infigierten *-ta-* gebildet.

Der Themavokal des Perfekts (zwischen 2. und 3. Radikal) ist mit dem des Präsens identisch (Präs. *iparras* : Perf. *iptaras*; bei anderen Vokalklassen etwa *irappud* : *irtapud* und *ipaqqid* : *iptaqid*); er wird bei Formen mit vokalischen Afformativen synkopiert (z.B. 3.m.pl. *iptarsū* < **iptarasū*).

Das Paradigma (vom Verb *parāsum*) lautet:

Sg.	3. c.	*iptaras*	Pl.	3. m.	*iptarsū*
				3. f.	*iptarsā*
	2. m.	*taptaras*		2. c.	*taptarsā*
	2. f.	*taptarsī*			
	1. c.	*aptaras*		1. c.	*niptaras*

6.2.2 Das Perfekt ist das zweite Vergangenheitstempus des Akkad. neben dem Präteritum. Sein Gebrauch ist schwer zu fassen und hat sich im Laufe der Sprachgeschichte verändert. Für das Altbabylonische gilt Folgendes:

Das Perfekt begegnet in Hauptsätzen vor allem in Briefen (als sogenanntes „Briefperfekt") und bezeichnet dabei die (soeben vollendeten) Handlungen des Absenders:

anumma aštaprakkum	„nun habe ich dir geschrieben" (*aštapar* + *am* [Ventiv] + *kum*)
inanna aṭṭardakkum	„jetzt habe ich dir geschickt".

Das Perfekt dient ferner zum Ausdruck der Nachzeitigkeit in der Vergangenheit (in Hauptsätzen und Bedingungssätzen). Vor allem bei der Schilderung aufeinanderfolgender Phasen von Sachverhalten (Handlungen und Vorgängen) bezeichnet es den Folgesachverhalt gegenüber einem ersten Sachverhalt, der meist durch das Präteritum ausgedrückt wird. Es liegt also gewissermaßen eine *consecutio temporum* des Typs „Präteritum – Perfekt" vor, z.B.

- *iqbiam-ma ana bēlīja aštapram* „er sagte mir (das), und dann schrieb ich meinem Herrn"

- *šum-ma a-wi-lum aš-ša-tam i-ḫu-uz-ma ... sinništum*(MUNUS) *ši-i a-na ši-im-tim it-ta-la-ak* „Wenn ein Mann eine Ehefrau geehelicht hat ..., und diese Frau dann zu ihrem Schicksal gegangen ist (= gestorben ist) ...".

In temporalen Nebensätzen bezeichnet das Perfekt oft das Futurum exactum, z.B. *inūma issanqūnikkum . . . alik* „wenn sie bei dir eingetroffen sein werden, . . . geh!".

In Relativsätzen ist das Perfekt nicht gebräuchlich. Außerdem wird das Perfekt gewöhnlich nicht negiert (in solchen Fällen wird stattdessen auf das negierte Präteritum zurückgegriffen).

6.2.3 Das *t* des *ta*-Infixes assimiliert sich an vorausgehendes *d/ṭ/s/ṣ/z*. Beispiele:

*aṭtardam	>	aṭṭardam	„ich habe geschickt"
*iṣtabat	>	iṣṣabat	„er hat ergriffen"
*iztakar	>	izzakar	„er sagte"

vgl. ferner:

*igtamrū	>	igdamrū	„sie vollendeten" (Teilassimilation).

6.2.4 Das akkadische Perfekt hat keine Entsprechung in anderen semitischen Sprachen. Es hat sich innerakkadisch (wahrscheinlich aus dem Gt-Verbalstamm) entwickelt.

6.3 *Subordinativ (Subjunktiv)*

6.3.1 In Nebensätzen hat das verbale Prädikat (Präs., Prät., Perf. und Stativ) im Akkad. eine besondere (erweiterte) Form. Diese Abhängigkeitsform wird Subordinativ, traditionell auch „Subjunktiv", genannt. Der Subordinativ steht

- in Relativsätzen, solchen, die mit der Partikel *ša* (entspricht hebr. ^{ʾa}*šær*) eingeleitet werden (→ 7.7.2) wie auch in asyndetischen Relativsätzen (→ 3.1), z.B. *awāt izkuru* „das Wort (im St.cs.), das er sagte", und
- nach diversen Subjunktionen, die Nebensätze einleiten, z.B. *inūma* „als", *aššum* „weil", *adi* „bis, solange", *kīma* „(sobald) als, wenn",
- jedoch nicht in Bedingungssätzen (in *šumma*-Sätzen wird der Indikativ gebraucht).

6.3.2 Die Subordinativ-Endung bei den sonst (d. h. im Indikativ) endungslosen Formen ist *-u* (< *-*ū*; im älteren Assyr. lautet die Subordinativ-Endung bei endungslosen Formen -*u*, bei Formen mit Endung -*ni*, später fast allgemein -*ūni* [d. h. -*ū* + -*ni*]):

iprus — *ša iprusu*	„derjenige, der abgetrennt / entschieden hat" (Prät.)
baliṭ — *ša balṭu*	„derjenige, der lebendig ist" (Stat.).

Bei Formen, die schon im Indikativ eine Endung haben, sowie bei Formen mit Ventiv-endung (Endung -(*a*)*m* bzw. -*nim*; siehe → 6.4) hat der Subordinativ im Babylonischen keine besondere Endung (anders das Assyrische):

iprusū	*ša iprusū* (Prät. 3.m.pl.; assyr. dagegen *ša iprusū-ni*)
iprusam	*ša iprusam* (Prät. mit Ventiv) (assyr. dagegen *ša iprusanni* < **iprus-am-ni*)
balṭat	*ša balṭat* (Stat. 3.f.sg.; aA dagegen *balṭat-ni*, später *balṭat-ū-ni*).

6.3.3 Das Subordinativ-Paradigma am Beispiel des Präteritums lautet:

	Singular	Plural
3. c./m.	*iprus-u*	*iprusū*
3. f.		*iprusā*
2. m./c.	*taprus-u*	*taprusā*
2. f.	*taprusī*	
1. c.	*aprus-u*	*niprus-u*

Man beachte, dass Schreibungen wie *ip-ru-su* zweideutig sind: Form 3.m.sg. mit Subordinativ oder Form 3.m.pl. (ohne oder mit Subordinativ-Nuance). Vor weiteren Endungen (vor Objektsuffixen oder vor -*ma*) erscheint der Subordinativ-Marker als Langvokal -*ū*, z.B. *ša aškun-ū-šīm* „was ich für sie aufgestellt habe".

6.3.4 Der akkad. Subordinativ (*iprusu*) ist mit dem vor allem in Absichtssätzen verwendeten Subjunktiv des Klassisch-Arabischen (Form *yafʿala*) weder formal noch funktional identisch.

6.4 Ventiv

6.4.1 Der Ventiv ist eine Erweiterung von finiten Verbalformen durch die Endungen *-am* bzw. *-m* oder *-nim*. Er drückt ursprünglich die Bewegungsrichtung „zu mir her" aus, wird dann aber auch für entsprechende Bewegungen zu anderen Personen bzw. Dingen hin gebraucht. Beispiele (Verben *alākum* „gehen" und *šapārum* „schicken"):

illik „er ging"	vs.	*illik-am* „er kam (her)"
išpur „er schickte (los)"	vs.	*išpur-am* „er schickte her".

6.4.2 Die Ventivendung lautet

- *-am* nach Verbalformen ohne Endung (z.B. nach Prät. *iprus*)
- *-m* nach der *-ī*-Endung der 2. Pers. fem. sg. (z.B. *taprusim*)
- *-nim* nach Formen auf *-ū* und *-ā* der 2. und 3. Pers. Plur. (z.B. *iprusūnim*).

Das vollständige Paradigma am Beispiel des Präteritums lautet:

	Singular	Plural
3. c./m.	*iprus-am*	*iprusū-nim*
3. f.		*iprusā-nim*
2. m./c.	*taprus-am*	*taprusā-nim*
2. f.	*taprusi-m* (< *taprusī* + *m*)	
1. c.	*aprus-am*	*niprus-am*

- Imperativformen mit Ventiv lauten: *pursam, pursim, pursānim.*
- Auch Stativformen können mit dem Ventiv verknüpft werden. Belegt sind: 3.m.sg. *pars-am*, 3.m.pl. *parsū-nim* und 3.f.pl. *parsā-nim.*

Das auslautende *-m* der Ventivendung fällt nach-aB ab, z.B. *iprusam* > *iprusa*; *iprusūnim* > *iprusūni.*

6.4.3 Bestimmte semantische Gruppen von Verben, vor allem Verben der Bewegung (im weitesten Sinn) einschließlich Verben des Sendens und Bringens, sind überwiegend mit dem Ventiv bezeugt. Häufiger als sonst steht der Ventiv auch vor der verknüpfenden enklitischen Partikel *-ma* (→ 6.7; z.B. *ikšud-am-ma* „er traf ein und ..."). Vor allem aber ist der Ventiv vor Objektsuffixen überaus produktiv, insbesondere vor Dativsuffixen und dem Akkusativsuffix 1.sg.; Beispiele:

išpurakkum (< **išpur-am-kum*)	„er schickte dir",
išpurūnikkum (< **išpurū-nim-kum*)	„sie schickten dir" (Näheres → 6.5).

6.4.4 Dem akkadischen Ventiv entspricht in westsemitischen Sprachen die Kategorie des Energikus mit Endung *-an*(*na*):

- hebr. meist-*æn* (= *Nun energicum*),
  z.B. in *yiqṭ*ᵉ*lænnū* < **yiqṭol-æn-hū* „er wird ihn töten"
- arab. *yafʿalanna* (Energikus I) bzw. *yafʿalan* (Energikus II).

6.5 *Objektsuffixe am Verb*

6.5.1 Pronominalsuffixe in Objektfunktion können an alle finiten Formen des Verbums angehängt werden (man vergleiche in diesem Zusammenhang die possessivischen Pronominalsuffixe am Nomen [→ 3.3]).

Objektsuffixe am Verb bezeichnen je nach Form — es gibt eine Akkusativ- und eine Dativreihe der Suffixe — entweder ein Akkusativobjekt (direktes Objekt) oder ein Dativobjekt (indirektes Objekt). Beispiele:

iddinū	„sie gaben"	(*nadānum* „geben", Prät. *iddin* < **indin*)
iddinū-šu	„sie gaben es/ihn"	(Akkusativsuffix)
iddinū-šum	„sie gaben ihm"	(Dativsuffix).

Die Differenzierung zwischen Akkusativ- und Dativsuffixen weist das Akkadische als altsemitische Sprache aus. Bekanntlich sind in vielen anderen semitischen Sprachen wie etwa dem Biblisch-Hebräischen nur Akkusativsuffixe am Verb bezeugt.

6.5.2 Im Zusammenhang mit Objektsuffixen spielt das Ventivmorphem im Akkad. eine große Rolle. Es geht gewöhnlich dem Akkusativsuffix der 1. Person und häufig den Dativsuffixen voraus, wobei das *-m* an den folgenden Konsonanten assimiliert wird (*iddin-aš-šum, iddinū-nik-kum*). Man vergleiche hierzu — wie schon erwähnt (→ 6.4.4) — die Suffigierung von Verben der Präfixkonjugation mit *Nun energicum* im Hebräischen (*yiqṭ*ᵉ*lænnī, yiqṭ*ᵉ*lækkā, yiqṭ*ᵉ*lænnū, yiqṭ*ᵉ*lænnā*).

Anstelle eines Dativsuffixes der 1. Ps. sg. steht die einfache Ventivendung; es lautet *-am* nach Verbalformen ohne Endung. Nach der *-ī*-Endung der 2. Pers. Sing. fem. lautet das Suffix *-m* (*taprusim*), nach *-ū* und *-ā* der 2. und 3. Pers. Plur. lautet es *-nim* (*iprusū-nim*).

6.5.3 Die Objektsuffixe im Einzelnen am Beispiel des Präteritums von *nadānum* „geben". Im Hinblick auf die rechte Spalte des folgenden Paradigmas ist zu beachten, dass Dativsuffixe mit oder ohne Ventivmorphem, d. h. direkt, an die Verbalform treten können, z.B *iddin-šum* oder *iddin-aš-šum* „er gab ihm", *iddinū-šum* oder *iddinū-niš-šum* „sie gaben ihm":

		Akkusativsuffixe	**Dativsuffixe**
Verb im Singular: „er (über-)gab mich / mir" (etc.):			
Sg.	1. c.	*iddin-an-ni*	*iddin-am* (= Ventivendung)
	2. m.	*iddin-ka*	*iddin-(ak)-kum* (< **iddin-am-kum*)
	2. f.	*iddin-ki*	*iddin-(ak)-kim*
	3. m.	*iddin-šu*	*iddin-(aš)-šum*
	3. f.	*iddin- ši*	*iddin-(aš)-šim*
Pl.	1. c.	*iddin-niāti*	*iddin-(an)-niāšim*
	2. m.	*iddin-kunūti*	*iddin-(ak)-kunūšim*
	2. f.	*iddin-kināti*	*iddin-(ak)-kināšim*
	3. m.	*iddin-šunūti*	*iddin-(aš)-šunūšim*
	3. f.	*iddin-šināti*	*iddin-(aš)-šināšim*
Verb im Plural: „sie (über-)gaben mich / mir" (etc.):			
Sg.	1. c.	*iddinū-nin-ni*	*iddinū-nim* (= Ventivendung)
	2. m.	*iddinū-ka*	*iddinū-(nik)-kum* (< **iddinū-nim-kum*)
	3. m.	*iddinū-šu*	*iddinū-(niš)-šum*

6.5.4 Nach-altbabylonisch fällt das auslautende *-m* der Dativsuffixe ab. Einige Dativsuffixe (2./3. Pers. Sg.) fallen auf diese Weise formal mit den entsprechenden Akkusativsuffixen zusammen.

Dativ- und Akkusativsuffixe können auch nebeneinander an einer Verbalform erscheinen (allerdings selten belegt). In diesem Fall geht das Dativsuffix voraus, z.B. *iddinūšuššu* < *iddinū-šum-šu* „sie gaben es ihm" (wörtlich: „sie gaben ihm es").

6.6 *Die Negationen* ul *und* lā

Die beiden wichtigsten Negationen des Akkad. sind *ul* und *lā*.

Die Negation *ul* (mit archaischer Variante *ula*) negiert

a) Aussagen in Hauptsätzen (in der Poesie dafür sporadisch auch *lā*)
ul amḫur „ich habe nicht erhalten"

b) Satzfragen (sind im Akkad. nur aus dem Kontext als Fragen erkennbar)
ul izkur „sagte er nicht?".

Für alles andere wird *lā* eingesetzt, nämlich

c) zur Negierung einzelner Wortformen
awīlum lā muštālum „ein unkluger Mann"

d) in Nebensätzen einschließlich Bedingungssätzen
awīlum ša lā izkuru ... „der Mann, der nicht sagte ..."

e) in Verboten (Prohibitiv [→ 7.3])
lā tapallaḫ „fürchte dich nicht!"
(vs. *ul tapallaḫ* „du fürchtest dich nicht" bzw. „fürchtest du dich nicht?")

f) in Wortfragen
ammīnim lā tapallaḫ „warum fürchtest du dich nicht?".

6.7 *Konjunktionen für „und"*

Das Akkad. kennt zwei koordinierende Konjunktionen für „und", nämlich *u* und *-ma*.

Die Konjunktion *u* – zu unterscheiden von *ū* „oder" – verknüpft Wörter, Phrasen und ganze Sätze.

Die enklitische Partikel *-ma* hat zwei Hauptfunktionen: Sie hebt zum einen (1.) kontextuell betonte Wörter hervor. Zum anderen (2.) hat sie im Gefolge eines Verbs die Funktion einer „und (dann/deshalb)"-Konjunktion, wobei in der Regel eine zeitliche oder logische Folge zum Ausdruck kommt. Sie verknüpft dabei das betreffende Verb und zusammen mit ihm die gesamte betreffende Satzphrase mit dem im Text folgenden Verb. Beispiele:

zu 1.) *anāku-ma* „ich selbst (und kein anderer)"
ina mūšim-ma „in eben dieser Nacht"

zu 2.) *ikšud-am-ma kaspam ištariq* „er traf ein und stahl (dann) das Silber“

ṣābam aṭrud-ma gušūrū ul ikšudū „Ich habe Leute hingeschickt, aber die Baumstämme sind (dennoch) nicht eingetroffen“.

Daneben wird *-ma* oft in Nominalsätzen verwendet und markiert dabei in der Regel das nominale Prädikat, z.B. *Adad šarrum-ma* „(Der Gott) Adad ist (der) König“ (vgl. → 4.2).

6.8 Wörtliche Rede (enklitisches -mi*)*

Wörtliche Reden sind im Akkad. oft nicht als solche gekennzeichnet und nur indirekt aus dem Kontext zu erschließen (Reden folgen oft auf Verben des Sprechens, auf *umma* „folgendermaßen“ oder auf *kīam* „so“).

Zur spezifischen Markierung von wörtlichen Reden dient die enklitische Partikel *-mi*. Sie wird an die erste (elementare) Wortform der Rede angehängt oder findet sich gleich an mehreren (oder gar allen) Wortformen der wörtlichen Rede:

Ḫammurapi-mi bēlum ša ... „Hammurapi ist (der) Herr, der ...“.

Lernvokabular (6)

Nomina:

ašrum	Ort, Stelle; St.cs. *ašar* „wo(hin) (auch immer)“ (leitet einen Nebensatz ein) [hebr. *ᵃšær*, Relativpartikel]
narûm	Stele (sumer. Lehnwort)
šarrāqum	Dieb [*parrās*-Bildung für Berufsbezeichnungen]
šēpum, šīpum	Fuß, Bein; Dual *šēpān*
šiqlum	Schekel (Gewichtseinheit, ca. 8 g) [hebr. *šæqæl*]
šittum	Schlaf (< **šintum*) [hebr. *šēnâ*]
tamkārum	Kaufmann [vgl. hebr. *mkr* „verkaufen“]
ṭēmum	Anweisung, Bescheid, Entscheidung; Nachricht, Plan [bibl.-aram. *ṭᵉʕēm*]

Verben:

arākum (i/i)	lang sein [hebr. *ʔrk*]
balāṭum (u/u)	leben [entspricht hebr. *plṭ* und *mlṭ* (!) „entkommen“]

baqārum (a/u)	seinen Anspruch (vor Gericht) geltend machen, einen Prozess führen
ekēmum (i/i)	wegnehmen, rauben; Stativ: „einer Sache (= Akk.) beraubt sein"
ḫalāqum (i/i)	verschwinden, zugrundegehen
qerēbum (i/i; a/a)	sich nähern, herbeikommen [hebr. *qrb*]
ragāmum (a/u; u/u)	rufen, schreien; gerichtlich klagen
ṣalālum (a/a)	sich niederlegen, liegen; schlafen [hebr. *ṣll* „sinken"]
šalāmum (i/i)	heil, gesund sein [hebr. *šlm*]
šapārum (a/u)	schicken; schreiben [vgl. hebr. *sōpēr* „Schreiber"]
šaṭārum (a/u)	schreiben [hebr. *šōṭēr* „Beamter, Aufseher"]
tarāṣum (a/u)	ausstrecken
ṭarādum (a/u)	schicken, senden, vertreiben [aram. *ṭrd* „vertreiben"]
ṭiābum, ṭâbum (ī)	gut, schön sein (Stativ *ṭāb* „er/es ist gut" [→ 11.1.2]) [hebr. *ṭwb*]
walādum (a/i)	erzeugen, gebären (Präs. *ullad*; Prät.: *ūlid*) [hebr. *yld*]
wašābum (a/i)	sitzen, wohnen [hebr. *yšb*]

Konjunktionen und Subjunktionen:

aššum	weil (< *ana* + *šumum* „Name"); dient auch als Präp.: wegen
inūma	als, wenn
kīma	sobald, als; wenn; dass; wie dient auch als Präp.: entsprechend, wie
lāma	bevor (Subjunktion)
-ma	1. „und" ; 2. hervorhebende Partikel
warki	nachdem; auch Präp.: nach, hinter [vgl. hebr. *yārēk* „Gesäßgegend, Lende"]

Andere Partikeln, Pronomina:

ana mīnim, ammīni(m)	warum? [entspricht hebr. *l^e mâ*]
anumma	nun, nunmehr (immer am Satzanfang)
ašar	St.cs. zu *ašrum* („Ort"): wo (auch immer) [vgl. hebr. *ʾašær*]
aššum	Präp.: wegen, um — willen
kīam	so
-mi	Marker der wörtlichen Rede (→ 6.8)
ša	der(jenige), welcher [vgl. hebr. *šæ-*]
ū	oder [hebr. *ʾō*] (zu unterscheiden von *u* „und"!)
warki	Präp.: nach, hinter

Übungen (6)

ú-ul a-ri-ik ba-la-ṭù-um (Klage „Ištar Bagdad", Z. 77)
ta-ar-ṣa ka-pa-a-a (Klage „Ištar Bagdad", Z. 79)
kappāja „meine beiden Hände" [hebr. *kap*].

a-wi-lum šu-ú šar-ra-aq (= Subst. im Stativ; KḪ § 7 u.ö.)
... *a-na a-wa-ti-ia ša i-na narî*(NA.RU)*-ia aš-ṭú-ru* (KḪ Epilog)
eqlum(A.ŠÀ) *ki-ma na-ad-nu-ma na-di-in* (= juristische Terminologie)
ek-mé-e-ku š[*i-t*]*a-am i-na mu-ši-im ṣa-la-la-am* (Klage „Ištar Bagdad", Z. 25)
Zwei parallele Halbverse; *ṣalālam* ("das Schlafen") // *šittam*.

wa-aš-ba-at ^{d}*Be-le-et-ì-li* (Muttergottheit; Atramḫasis)
a-na PN^{m} *a-ša-at a-na* PN^{f} *a-ma-at* (PN$^{m/f}$: maskuliner / femininer Personenname)
it-ti i-li-ku-nu i-li ú-ul ma-gi-ir (*magārum* „zu-, übereinstimmen"; Atramḫasis)
iṣ-ṣa-ba-at (< *iṣtabat*); *iṣ-ṣa-ab-tu*; *iṣ-ṣa-ba-as-si* (→ 4.3.3.3)
iz-za-kar (< *iztakar*); *iḫ-ta-li-iq*; *iṭ-ṭa-ra-ad*
a-šar il-li-ku (*alākum* „gehen", G Prät. 3. m. sg. *illik*)
a-na mārī(DUMU.MEŠ) *ša amtum*(GEMÉ) *ul-du-šum*
ūlid: „sie hat geboren" (*walādum*, Prät.).

sinništum(MUNUS) *ša mārī*(DUMU.MEŠ) *wa-al-da-at* (→ 6.1 [transitiv])
a-di ba-al-ṭa-at (*adi* „solange")
šum-ma ... *āl*(URU)*-šu ik-ta-áš-dam*
a-nu-um-ma Ri-im-^{d}*Sîn aṭ-ṭar-da-ak-kum* (Personenname im Akk.)
iš-ṭur-šum
a-na PN *aš-tap-ra-am*
am-mi-ni la iš-pu-ra-am
ki-a-am iš-pu-ru-nim
ṭú-ur-da-ni-iš-šu-nu-ti (< *ṭurdā-nim-šunūti*)
ṭe$_4$*-ma-am šu-up-ra-am*
ù ṭe$_4$*-em di-nim šu-a-ti šu-up-ra-nim*
a-na šu-u[*l-m*]*i-ia ta-aš-pur-ra-am ša-al-ma-ku* (AbB 12, 10: 7-8)
ta-aš-pur-ra-am: ~ *tašpuram* (trotz Doppelschreibung von *r*).

i-na-ad-di-na-ak-kum
a-na kaspim(KÙ.BABBAR) ... *a-ḫu-um a-na a-ḫi-im ú-ul i-ra-ga-am*

Textbeispiel in Transkription: *awīlum ana awīlim lā ibaqqar* (→ 6.6 [e]; → 7.3)

Lektüre (6)

KḪ § 128

šum-ma a-wi-lum aš-ša-tam i-ḫu-uz-ma ri-ik-sa-ti-ša la iš-ku-un sinništum(MUNUS) *ši-i ú-ul aš-ša-at*

- Syntax: zusammengesetzter *šumma*-Satz (bis *iškun*), gefolgt von dem Hauptsatz (Apodosis).
- *īḫuz*: Prät. 3.m.sg. von *aḫāzum* „nehmen; heiraten" (vgl. hebr. ʾḥz).
- *riksum*: „Band; Bündnis, Vertrag", fem. Plur. *riksātum*.
- *šī*: anaphorischer Gebrauch des Personalpronomens der 3. Person (→ 4.1).
- *ul aššat*: → 6.1.

KḪ § 281 (Ende)

... *be-el wardim*(ÌR) *ù lu amtim*(GEMÉ) *kasap*(KÙ.BABBAR) *iš-qú-lu a-na tamkārim*(DAM.GÀR) *i-na-ad-di-in-ma lu waras*(ÌR)*-sú lu amas*(GEMÉ)*-sú i-pa-ṭár*!

- *kasap išqulu*: asyndetischer Relativsatz.
- *ipaṭṭar*: *paṭārum* „auslösen, freikaufen" [hebr. *pṭr* „hervorbrechen"].

Kraus, AbB 5, 225 (aB Brief), Z. 6-8.13-15

[6] *a-na šu-ul-mi-ki* [7] *aš-pu-ra-am* [8] *šu-lum-ki šu-up-ri-im*

[13] *ṭe-em a-la-ki-ki* [14] *šu-up-ri-im-ma* [15] *lu-uḫ-du*

- *alākum*: „das Gehen, die Reise" (Inf.).
- *luḫdu*: „(und) ich will mich freuen" = „damit ich mich freue" (→ 7.9): *ḫadûm*, Prekativ (→ 7.1.3).

Gilgamesch-Epos (aB Version), OB II, Z. 215-217

^{d}*En-ki-du*$_{10}$ *ba-ba-am ip-ta-ri-ik* [216] *i-na ši-pi-šu*

[217] ^{d}*Gilgameš*(GIŠ) *e-re-ba-am ú-ul id-di-in*

- *iptarik*: *parāqum (i/i)* „quer legen, versperren, blockieren".
- *Gilgameš*: zentraler Held des Gilgamesch-Epos, König von Uruk (historisch nachweisbar).
- *erēbam*: *erēbum* „eintreten", Infinitiv (vgl. → 12.4).
- *iddin*: *nadānum (i/i)* „geben, gewähren", Prät. (< **indin*; vgl. → 11.2).

Atramḫasis-Epos, I. Tafel, Z. 376

q[e]r-ba-mi li-i[s-s]ú-ú na-gi-ru

- *qerbā-mi*: Imp. (als wörtliche Rede [→ 6.8]).
- *lissû*: *šasûm* „rufen, ausrufen", Prekativ 3.m.pl. (→ 13.3).
- *nāgirū*: *nāgirum* „Herold, Ausrufer" (eigentlich: G Partizip)

Lektion 7

Ausdrucksformen für Wunsch und Verbot; Pronomina (Frage-, Indefinit-, Demonstrativ- und Determinativpronomen); Pendenskonstruktion; Finalsätze

7.1 Prekativ und Kohortativ

7.1.1 Der Prekativ und der sogenannte Kohortativ (er meint im Akkad. nur die 1. Person Pl.) drücken einen Wunsch bzw. eine Selbstermunterung aus ("möge . . .!"; „ich will ...!"). Der Prekativ wird mit der Wunschpartikel *lū*, der Kohortativ durch die Partikel *i* eingeführt. Man unterscheidet einen stativischen und einen fientischen Prekativ.

7.1.2 Der *stativische Prekativ* bezeichnet den Wunsch nach einem Zustand und wird durch die Verbindung der Wunschpartikel *lu* mit dem Stativ (unverbunden) gebildet:

lū balṭāta	„du mögest leben!"
lū šalmāta	„möge es dir gut gehen!"
lū dari	„er/es sei dauerhaft!"

7.1.3 Der *fientische Prekativ* drückt eine gewünschte Handlung aus und wird durch die Verbindung von *lū* mit dem Präteritum gebildet (sprachhistorisch betrachtet handelt es sich um den formal mit dem Präteritum identischen „Jussiv" [vgl. den Jussiv des Hebr.]). Er kommt nie bei der 2. Person vor.
Der *u*-Vokal der Partikel *lū* verschmilzt (kontrahiert) dabei mit vokalischen Präfixen der Verbalform in folgender Weise:

1. Ps. Sg.	*lū* + *a* oder *e*	→	*luprus*
3. Ps. Sg.	*lū* + *i*	→	*liprus*

Der Prekativ bezeichnet einen echten Wunsch oder einen Befehl, z.B. *lirkus* „er möge / soll binden!“. Der Prekativ der 1. Person (Singular) hat meist kohorativische Bedeutung (Selbstaufforderung): *luškun* „ich will legen“ (vgl. den Kohortativ des Hebr.: *ˀækt^{e}bâ* „ich will schreiben“).

7.1.4 Der sogenannte *Kohortativ* drückt die Selbstaufforderung in der 1. Person Plural aus. Er wird gebildet durch die Verbindung der Wunschpartikel *i* mit der Präteritumform der 1. Person Plural (im Sinne des „Jussivs“):

i niprus	„wir wollen entscheiden / lasst uns entscheiden!“

7.1.5 Die Prekativformen und der Kohortativ sind als zusammenhängendes Paradigma einzuprägen:

Sg.	3. c.	*liprus*	
	1. c.	*luprus*	
Pl.	3. m.	*liprusū*	
	3. f.	*liprusā*	
	1. c.	*i niprus*	(= „Kohortativ“)

7.2 *Beteuerung*

Vom Prekativ zu trennen ist die Beteuerungsform mit *lū* (= *lū*$_2$ „fürwahr, gewiss“), bei der sich *lū* nicht mit dem vokalischen Präfix verbindet. Diese Beteuerungsform ist fast nur in Königsinschriften produktiv:

lū akšud	„ich habe wirklich/gewiss/fürwahr erreicht!“
(vs. *lukšud*	„ich will erreichen!“)

7.3 *Verbot*

Es gibt zwei Formen für das Verbot: Vetitiv und Prohibitiv.

7.3.1 Der *Vetitiv* bezeichnet einen negativen Wunsch. Er wird gebildet, indem die Partikel *ai* (vor Vokal) bzw. *ē* (vor Konsonant) vor das Präteritum (im Sinne des „Jussivs“) tritt:

ai / ē **+ Präteritum**

ai ikšud	„möge er nicht erreichen / er soll nicht erreichen!“
ē takšud	„mögest du nicht erreichen!“
ai akšud	„möge ich nicht erreichen / ich möchte nicht erreichen!“

Die Partikel *ai* (alternativ als proklitisches *aj-* bzw. *ajj-* zu lesen, z.B. *ajj-ikšud*) kann wie folgt geschrieben sein: *a*, *a-a* oder *a-ia*. Der Vetitiv wird relativ selten gebraucht und tendenziell durch den Prohibitiv ersetzt. Er entspricht in etwa (aber funktional nicht genau) hebräischem *ʔal* + Jussiv, z.B. *ʔal yiktōb* „er soll/möge nicht schreiben“.

7.3.2 Der *Prohibitiv* bezeichnet in der 3. und 2. Person das gewöhnliche oder entschiedene Verbot bzw. den verneinten Imperativ, in der 1. Person eine (kategorische) Ablehnung. Er wird mit *lā* „nicht“ und dem Präsens gebildet:

lā **+ Präsens**

lā tanaddin	„gib nicht! / du darfst (grundsätzlich) nicht geben!“
lā tapallaḫ	„hab keine Angst!“
libba-ka lā imarraṣ	„dein Herz soll/darf/muss sich nicht betrüben!“
lā anaddin	„ich will nicht geben“.

Dieser Prohibitiv entspricht dem hebr. „Prohibitiv“ im Sinne von *lōʔ* + Imperfekt (Langform der PK, z.B. *lōʔ tirṣaḥ* „du darfst/sollst nicht töten!“ [allgemeingültiges, entschiedenes Verbot]). Er dient in der 2. Person auch zur Negierung eines durch den Imperativ ausgedrückten Befehls, was im Hebr. durch *ʔal* + Jussiv ausgedrückt wird:

lā tapallaḫ	~	hebr. *ʔal tīrāʔ*	„hab keine Angst!“

7.3.3 Selten ist altbabylonisch auch *lā* + Stativ im Sinne eines „Prohibitivs des Stativs“ belegt, z.B. *lā wašbat* „sie soll nicht dasitzen!“.

7.4 Fragesätze und Fragepronomina

Es gibt zwei Arten von Fragesätzen: Satzfragen und Wortfragen. Satzfragen werden mit *ul*, Wortfragen mit *lā* verneint (→ 6.6).

In Satzfragen gibt es kein Interrogativpronomen. Die letzte Silbe des Wortes, das Gegenstand der Frage ist, wird manchmal gelängt (plene) geschrieben und war somit sicher besonders betont, z. B. *eqlētim i-ṣa-ab-ba-a-at ú-ul i-ṣa-ab-ba-a-at* „Kann er die Felder in Empfang nehmen oder nicht?"

Wortfragen werden durch Fragepronomina (Interrogativpronomina) eingeleitet. Das Fragepronomen der Personenklasse lautet *mannum* „wer?", das der Sachklasse *mīnum* „was?":

mannum „wer?": z.B. *mannum iprus* „wer entschied?"
ana mannim „für wen?; wem?"

mīnum (mit Variante *minûm*) „was?": z.B. *mīnam iprus* „was entschied er?"
ana mīnim / ammīnim „warum?"

Das adjektivische Pronomen *ajjum* (mit Variante *ajjûm*) „welcher" (fem. *ajjītum*, Plur. mask. *ajjūtum*, Plur. fem. *ajjātum*) wird zumeist attributiv vorangestellt: *ina ajjītim mātim* „in welchem Land?".

7.5 Indefinitpronomina

7.5.1 Die Mehrzahl der Indefinitpronomina wird durch die Reduplikation der Interrogativpronomina *man(n)* „wer?" bzw. *mīn* „was?" oder durch Anfügung der enklitischen Partikel *-ma* gebildet.

mamman (< *manman*) „irgendjemand" (mit Negation „niemand"), z.B.
mamman ša illiku „wer auch immer ging"

mimma (< *mīnma*) „irgendetwas; alles, was" (mit Negation „nichts"), z.B.
mimma ša ilputu „alles, was er berührte"
mimma šumšu „alles Mögliche; alles, was" (eigtl.: „was immer sein Name ist")

mimmû- (abgeleitet von *mimma*; Gen. *mimmê-*, Akk. *mimmâ-*) „alles von", z.B.
mimmû-šu „sein Alles" = „sein (ganzer) Besitz"
mimmâ-šu ḫalqam „seinen (ganzen) verlorenen Besitz" (KḪ § 9 u.ö.).

mala: verallgemeinerndes Relativpronomen: „was / soviel auch immer", z.B.
kaspum mala iṣbatu „alles Silber, das er nahm".
(Bezeugt ist auch die Wortfolge *mimma mala* mit gleicher Bedeutung.)

ajjumma (fem. *ajjītumma*, Plur. mask. *ajjūtumma*, fem. *ajjātumma*) „irgendein“:
Das adjektivische *ajjumma* folgt meist als Attribut einem Substantiv. Es kann aber auch substantivisch gebraucht werden.

7.5.2 Die Nuance „alles“ wird im Akkadischen – wie allgemein im Semitischen – durch Substantive ausgedrückt, vor allem durch *gimrum* und *kalûm*, z.B. *gimir mātim* „die Gesamtheit des Landes“ = „das ganze Land“ (Konstruktusverbindung) oder *mātum kalûša* „das Land, (nämlich) seine Gesamtheit“ = „das ganze Land“ (*kalûm* mit Possessivsuffix in Apposition).

7.6 Demonstrativpronomina

7.6.1 Die beiden wichtigsten Demonstrativpronomina im aB sind *annûm* (< *annium* < *han-nījum) „dieser“ (Nahdeixis) und *ullûm* (< *ullium*) „jener“ (Ferndeixis):

	„dieser“	„jener“
m. Sg.	*annûm*	*ullûm*
f. Sg.	*annītum*	*ullītum*
m. Pl.	*annûtum*	*ullûtum*
f. Pl.	*anniātum*	

Sie werden adjektivisch dekliniert. Das Femininum (Sing.) wird auch neutral-substantivisch im Sinne von „dies(es)“ gebraucht, z.B. *annītam liprus* „er soll dies(es) entscheiden!“.

Dem Pronomen *ullûm* „jener“ entspricht etymologisch hebr. *ʾēllǣ* „diese“ (Plural zu *zǣ*, *zōʾt*). Ferner gibt es wahrscheinlich eine etymologische Beziehung zwischen dem Pronomen *annûm* „dieser“ und dem bestimmten Artikel *ha-* (< **han*) des Hebräischen.

Das Assyrische verwendet anstelle von *ullûm* „jener“ das Lexem *ammium* (Fem. *ammītum*).

7.6.2 Ähnlich wie *ullûm* (und *annûm*) werden auch die Personalpronomina der 3. Personen in anaphorischer Funktion gebraucht (→ 4.1), z.B. *wardum šū* „der betreffende (oben erwähnte) Sklave“.

7.7 Das Determinativ- und Relativpronomen (ša)

7.7.1 Das *Determinativpronomen ša* mit der Grundbedeutung „der von, der des; welcher" steht immer im Status Constructus, entweder vor einem nominalen Genitiv oder einem Relativsatz. Altakkadisch wird das Determinativpronomen im Singular (mask.) noch dekliniert:

	Nom.	Gen.	Akk.
m. Sg.	*šu*	*ši*	*ša*
f. Sg.	*šāt*		
m. Pl.	*šūt*		
f. Pl.	*šât*		

Für das Altbabylonische gilt: *šu, ši, šāt, šūt* und *šât* werden im Allgemeinen durch *ša* ersetzt, sind aber noch gelegentlich in Personennamen oder erstarrten Wendungen erhalten: *Šu-Sîn* „der des (Gottes) Sîn"; *Šāt-Sîn* „die des (Gottes) Sîn"; *Šūt rēšim* „Höflinge" (wörtlich: „die des Kopfes").

Dieses indeklinable *ša* in seiner Funktion als Determinativpronomen dient zur Umschreibung der Genitivverbindung (→ 3.2):

awātum ša šarrim „das Wort, das des Königs" = „das Wort des Königs"
ina eqlim kirîm u bītim ša ilkī-šu „von Feld, Garten und Haus seines Lehens".

ša kann daneben auch alleine (ohne vorausgehendes Leitwort) stehen,
z.B. *ša libbī-ša* „das ihres Leibes" = „ihre Leibesfrucht".

7.7.2 Indeklinables *ša* wird daneben als *Relativpronomen* (für alle Kasus und beider Genera) verwendet, d.h. es dient zur Einleitung von (zumeist attributiven) Relativsätzen,
z.B. *šarrum ša illiku* „der König, der wegging / auszog".

Oft gibt es im Relativsatz — wie in hebr. *ʾᵃšær*-Sätzen — eine pronominale Wiederaufnahme des Leitwortes durch ein Suffix (Possessiv- oder Objektsuffix, vor allem Dativsuffix). Beispiele:

mātum ša uballiṭu(-ša) „das Land, das er am Leben erhielt"
šarrum ša ana mātī-šu ērubu „der König, dessen Land ich betrat"
awīlum ša mārū-šu ṣeḫḫerū „der Mann, dessen Kinder ganz klein sind"
awīlum ša tatakkalū-šum „der Mann, dem du vertraust".

Das Akkad. kennt daneben auch asyndetische (uneingeleitete) Relativsätze. Dabei steht das Leitwort im St.cs., z.B.

bīt išruku „das Haus, das er geschenkt hat" (→ 3.1 und → 6.3).

7.8 Pendenskonstruktion

Wie in anderen semitischen Sprachen ist auch im Akkadischen die syntaktische Figur der Pendenskonstruktion (oder: Extraposition) beliebt. Dabei wird ein nominales oder pronominales Element – isoliert vom Restsatz – als sogenanntes „Pendens" (wörtlich: „hängendes Glied") an den Beginn einer Satzphrase gestellt. Im Restsatz ist in der Regel eine pronominale Kopie dieses Elementes vorhanden. Das Pendens ist dabei oft, aber nicht notwendigerweise, betont. Im Deutschen lässt sich diese Figur wie folgt nachahmen: „Was X betrifft, so ...".

Textbeispiele (ein in den akkad. Text eingefügter Doppelpunkt markiert die syntaktische Grenze zwischen Pendens und Restsatz; der pronominale Rückverweis ist durch Unterstreichung hervorgehoben):

māt Šumerim u Akkadim : nišīšunu saphātim lū upahher
„Was das Land Sumer und Akkad betrifft, so habe ich ihr zerstreutes Volk fürwahr gesammelt ..."

šumma awīlum : hīrtašu mārī ulissum u amassu mārī ulissum (KH § 170)
„Wenn von einem Mann gilt– seine Gattin hat ihm Kinder geboren und seine Magd hat ihm (ebenso) Kinder geboren ..."

Rückverweisende Objektsuffixe – vor allem in *šumma*-Sätzen – begegnen auch sonst sporadisch, z.B. *šumma awīlum ana aššatīšu eqlam kiriam bītam ū bīšam išrukšim* „Wenn ein Mann seiner Frau ein Feld, einen Obstgarten, ein Haus, oder (mobiles) Hab und Gut schenkt (eigtl.: ihr schenkt) ..." .

7.9 Finale Sätze mit Prekativ und Prohibitiv

Finale oder konsekutive Nuancen werden im Akkad. häufig durch einen beigeordneten Hauptsatz mit Prekativ oder – negiert – mit Prohibitiv als Prädikat ausgedrückt. Meist geht ein Imperativ-Syntagma voraus. Beispiele:

- *šupur wardī šunūti ana ekallim liṭrudūnim* „Befiehl, dass diese Sklaven zum Palast geschickt werden!“ (eigtl.: „Befiehl, (und) sie sollen diese Sklaven zum Palast schicken!“);
- *mê idnam-ma lā amât* „Gib mir Wasser, auf dass ich nicht sterbe!“ (eigtl.: „... und ich will nicht sterben!“).

Lernvokabular (7)

Nomina:

bīšum	Hab und Gut (Verb *bašûm* „sein“)
epištum	Werk, Tat (Pl. *epšētum*; Verb *epēšum* „machen,tun“)
gimrum	Gesamtheit, Gesamtsumme (Verb *gamārum*)
ḫarrānum	Weg, Pfad; Karawane, Expedition
ḫaṭṭum	Stab, Szepter (Plur. *ḫaṭṭātum*)
purussāˀum/ purussûm	Entscheidung, Urteil
qaqqadum	Schädel, Kopf; Person, Wesen [*qaqqadum* < **qadqadum*; entspricht hebr. *qodqōd*]
qinnum	Nest, Vogelnest [hebr. *qēn*]
ṣābum	Leute, Soldaten (Kollektiv) [hebr. *ṣ^{e}bāˀōt* „Heerscharen“]

Verben:

dabābum (u/u)	sprechen, reden; protestieren, (vor Gericht) klagen [Eselsbrücke: vgl. hebr. *dibbēr*]
dalālum (a/u)	loben, preisen
gamālum (i/i)	(Gutes) vergelten, einen Gefallen tun; schonen [vgl. hebr. *g^{e}mūl* „gute Tat, Wohltat“]
ḫalāqum (i/i)	verschwinden, fliehen; zugrunde gehen
kabātum (i/i)	schwer sein/werden [hebr. *kābēd* (mit *d* !)]
karābum (a/u)	beten, flehen (für = Dativ); segnen, grüßen [hebr. *brk* „segnen“ (via Konsonantenmetathese)]
palāḫum (a/a)	fürchten, Angst haben; (eine Gottheit) verehren
šalāmum (i/i)	heil, gesund sein/werden [hebr. *šlm*]

Pronomina.:

annûm	dieser [vgl. den hebr. Artikel *ha-* < **han-*]
ullûm	jener [hebr. *ˀēllæ^{h}*]
mannum	wer? [arab. *man*; vs. hebr. *mî*]

mīnum, minûm	was? [vs. hebr. *mâ* (und Varianten)]
mamman	wer auch immer, irgendjemand (mit Negation: niemand)
mimma	was auch immer (mit Negation: nichts)
mala	was/soviel auch immer (erstarrter St.cs. zu *malûm* „Fülle“)
ajjum, ajjûm	welcher? [vgl. hebr. *ˀē-zæʰ*; arab. *ˀajjun*]
ajjumma	welcher auch immer

Anderes:

lū₁	Wunschpartikel
lū₂	Beteuerungspartikel: gewiss, fürwahr, wirklich
ai (= *aj*), *ē*	Negation (Vetitivpartikel)
mati	wann? [hebr. *mātay*]

Übungen (7)

lu-ú ba-al-ṭa-ta lu-ú ša-al-ma-ta
i-na a-lim lu-du-lu-ul
lud-lul bēl(EN) *né-me-qí* (Text aus dem 1. Jt.: *Ludlul bēl nēmeqi*, auch genannt: Der leidende Gerechte; *nēmeqi*, ohne Mimation: *nēmequm* „Weisheit“.

pu-ru-sà-ši-na li-ip-ru-ús
ḫaṭṭa(GIDRU)-*šu li-iš-bi-ir*
i-na ma-ḫar ^d^*Zar-pa-ni-tum li-ik-ru-ba-am* (-*am* als Dativsuffix 1.sg. [„für mich“])
[*lu uk ru ub*] *ša ra at ni ši* ... (Klage „Ištar Bagdad“, Z. 1)
ḫa-la-aq ma-ti-šu li-iš-ku-un-šum
qa-qa-sà lu ka-bi-it (*qaqqadum*, → 4.3.3.3; *kabātum*: hier etwa „ge-/verehrt sein”)
lu-ú ša-al-ma-(a)-ta
ú-ul ni-ip-la-aḫ; *e ta-ap-la-aḫ*; *la ta-pa-al-la-aḫ*
a-na ma-an-ni-im a-ša-ap-pa-ar (“... soll/kann ich schicken?”)
an-ni-tam ar-ḫi-iš šu-up-ra-am (*arḫiš* „schnell“)
mi-im-ma ša iš-qú-lu
ma-la iz-ku-ru ; *mi-im-ma ma-la iz-ku-ru*
gi-mi-ir ma-ti-im

gi-mi-ir ṣa-bi-im ša ma-a-tim ka-li-ša
kalîša: „... des Landes, nämlich ihrer/seiner Gesamtheit“ = „des gesamten Landes“.

zēr(NUMUN) *šar-ru-tim ša* [d]*Sîn ib-ni-ù-šu* (KḪ Prolog)
ibniū-šu: *banûm* „bauen, erschaffen", Prät. + Subordinativ + Suffix.

ša ep-še-tu-šu ... *ṭa-ba* (Verb *ṭiābum*)
... *ša ḫa-ra-nim ù li-bi a-li-im* (= *libbi ālim*)
... *šum-ma ša i-lim šum-ma ša ekallim*(É.GAL) ... (KḪ § 8)
a-di ma-ti ...

Lektüre (7)

Königsinschrift von Hammurapi zum Gedenken einer Kanalgrabung (King, *LIH* 1 95 = Frayne, *RIME* 4, 341f.), Z. 25-27 und 32-33:

25 *me-e da-ru-tim* 26 *a-na māt*(KALAM) *Šu-me-rí-im* 27 *ù Ak-ka-di-im lu aš-ku-un*
32 *mé-ri-tam ù ma-aš-qí-tam* 33 *lu aš-ku*[!]*-un-ši-na-ši-im*

- *mê dārûtim*: *mû*, Obl.; Adj. *dārûm*, mask. Pl. Obl.
- *merītum*: „Weideland" (vgl. *rēʾûm* „Hirte [hebr. *rōʿæʰ*]).
- *mašqītum*: „Wasserstelle(n)" (Verb *šaqûm* „zu trinken geben" [hebr. *šqy*]).

Kraus, AbB 5, 225 (aB Brief), Z. 18-20

18 *aš-šum-mi-ia da-ri-iš* 19 *ūmī*(UD-*mi*) 20 *lu ba-al-ṭa-a-ti*

- *dāriš ūmī*: „für die Dauer der Tage" = „auf immer" (*dārum* „Dauer, Ewigkeit" mit Terminativ-Endung).
- *lū balṭāti*: → 7.1.2.

Etana-Epos (aB), OV-II, Rev. 15′

šu-ú qí-in-na-šu šà-lim-ma sà-pi-iḫ qí-in-[*ni*(*-i*)]

- Syntax: Pendenskonstruktion (→ 7.8); chiastische Wortstellung im Restsatzgefüge (A B B′ A′).
- *sapiḫ*: *sapāḫum* „zerstreuen, auseinanderreißen".

Atramḫasis-Epos, I. Tafel, Z. 393 und 405

393 [*e ta-ap-la-ḫa*] *i-li-ku-un*
405 [*ú-ul*] *ip-la-ḫu i-*[*li-šu-un*]

- *ilīkun, ilīšun*: → 3.3.2.
- Die Zeilen könnten metrisch wie folgt zu skandieren sein (Näheres dazu unter Lektüre (12), Gilgamesch-Epos; die zu betonenden Silben sind unterstrichen): *ē taplaḫā ilīkun; ul iplaḫū ilīšun.*

Lektion 8

Verbalstämme im Überblick; Gt-, D- und Dt-Stamm

8.1 Die Haupt-Verbalstämme des Akkadischen

Das Akkad. kennt folgende vier verbale Hauptstämme: G-, D-, Š- und N-Stamm (sie entsprechen den hebräischen Stämmen Qal, Piel, Hifil und Nifal):

Bezeichnung	**Abk.**	**Form (Infinitiv)**	**Funktion**
I. Grundstamm	G	*parāsum*	lexikalische Grundbedeutung
II. Doppelungsstamm	D	*purrusum*	faktitive und pluralische Funktion (u. a.)
III. Š-Stamm	Š	*šuprusum*	Kausativ
IV. N-Stamm	N	*naprusum*	Passiv zum G-Stamm

Die Abkürzungen (Siglen) sind gut einzuprägen:

G	Grundstamm: entspricht dem hebr. **Qal**
D	Doppelungsstamm: entspricht dem hebr. **Piel**
Š	Š-Stamm: Kausativstamm mit Marker *š*; entspricht dem hebr. **Hifil**
N	N-Stamm: entspricht dem hebr. **Nifal**

8.2 Das Gesamtsystem der Verbalstämme des Akkadischen

8.2.1 Es gibt zu **G, D** und **Š** (nicht aber zu N) eine *ta*-Infix-Stammesvariante (meist mit reflexiver bzw. passiver Bedeutung): **Gt, Dt** (entspricht dem hebr. Hitpael) und **Št.**
Beim Št-Stamm werden zwei Varianten unterschieden: Der **Št$_1$**-Stamm in der Funktion als Passiv zu Š und der „lexikalische" **Št$_2$**-Stamm. Sie unterscheiden sich formal (nur) in der Bildung des Präsens.

Ferner haben alle genannten vier Hauptstämme jeweils eine *tan*-Infix-Variante mit iterativer Bedeutung („immer wieder etwas tun"): **Gtn, Dtn, Štn, Ntn.** Sie werden *tan*-Stämme genannt.

8.2.2 Das Gesamtsystem besteht somit aus folgenden 11 bzw. – wegen der Differenzierung von Št$_1$ und Št$_2$-Stamm – 12 produktiven Stämmen (daneben gibt es ein nicht mehr produktiven ŠD-Stamm [→ 9.3]):

Sigel	Hauptfunktion
G	lexikalische Grundbedeutung
Gt	reflexiv / reziprok zu G
Gtn	iterativ zu G
D	intensiv oder faktitiv zu G
Dt	passiv zu D
Dtn	iterativ zu D
Š	kausativ
Št$_1$	passiv zu Š
Št$_2$	andere (lexikalische) Bedeutung
Štn	iterativ zu Š
N	meist passiv zu G
Ntn	iterativ zu N

8.2.3 Die Eckformen (Präs. / Prät. / Stativ 3.c./m.sg., Imp. m.sg., nominale Formen m.sg. Nom.) dieser Stämme lauten wie im nachfolgenden Paradigma angegeben (es sind die Formen mit dem verbreitetsten Themavokal-Typen erfasst). Es dient nur zur ersten Orientierung. Achten Sie vorerst nur auf die spezifischen formalen Merkmale der abgeleiteten Stämme, die durch Unterstreichung hervorheben sind, z.B., dass alle Partizipien dieser Stämme mit *mu*-Präfix gebildet sind:

	Präs.	Prät.	Imp.	Ptz.	Inf.	Stat.
G	*iparras*	*iprus*	*purus*	*pārisum*	*parāsum*	*paris*
Gt	*iptarras*	*iptaras*	*pitras*	*muptarsum*	*pitrusum*	*pitrus*
Gtn	*iptanarras*	*iptarras*	*pitarras*	*muptarrisum*	*pitarrusum*	*pitarrus*
D	*uparras*	*uparris*	*purris*	*muparrisum*	*purrusum*	*purrus*
Dt	*uptarras*	*uptarris*	*putarris*	*muptarrisum*	*putarrusum*	-----
Dtn	*uptanarras*	*uptarris*	*putarris*	*muptarrisum*	*putarrusum*	*putarrus*
Š	*ušapras*	*ušapris*	*šupris*	*mušaprisum*	*šuprusum*	*šuprus*
Št$_1$	*uštapras*	*uštapris*	*šutapris*	*muštaprisum*	*šutaprusum*	-----
Št$_2$	*uštaparras*	*uštapris*	*šutapris*	*muštaprisum*	*šutaprusum*	*šutaprus*
Štn	*uštanapras*	*uštapris*	*šutapris*	*muštaprisum*	*šutaprusum*	*šutaprus*
N	*ipparras*	*ipparis*	*napris*	*mupparsum*	*naprusum*	*naprus*
Ntn	*ittanapras*	*ittapras*	*itapras*	*muttaprisum*	*itaprusum*	*itaprus*

8.2.4 Das Wörterbuch CAD benennt diese Stämme anders, nämlich mittels einer Kombination aus römischen und arabischen Zahlen:

I/1 = G	I/2 = Gt	I/3 = Gtn
II/1 = D	II/2 = Dt	II/3 = Dtn
III/1 = Š	III/2 = Št	III/3 = Štn
IV/1 = N		IV/3 = Ntn

8.2.5 Hebräische Entsprechungen:

Qal = G	---	---
Piel = D	Hitpael = Dt	---
Hifil ~ Š	*Hištafel = Št	---
Nifal = N	---	---

Bemerkungen: Die akkad. *tan*-Stämme haben keine Entsprechung im Hebr. (und auch nicht in anderen semit. Sprachen). Umgekehrt gilt: Das Hebräische kennt (wie unter anderem auch das Arab.) spezifische Passivstämme, die durch Vokalablautung gebildet werden, nämlich Pual und Hofal (ursprünglich ferner das sogenannte „passive Qal"); diese haben wiederum im Akkad. keine formale Entsprechung.

8.2.6 Klassisch-arabische Entsprechungen:

I. = G	VIII. = Gt	---
II. = D	V. = Dt	---
IV. ~ Š	X. = Št	---
VII. = N	----	---

Bemerkung: Die arab. Stämme III. und VI. (sowie IX.) haben keine Entsprechungen im Akkadischen.

8.3 Der Gt-Stamm

8.3.1 Bildung und Funktion

Der Gt-Stamm wird ausgehend vom Grundstamm (G) durch ein infigiertes *t(a)*-Morphem gebildet (es steht *nach* dem ersten Radikal der Wurzel!).

Der Gt-Stamm kann verschiedene Funktionen haben, unter denen besonders die reziproke hervorzuheben sind (*wichtig*: der Gt-Stamm fungiert *nicht* als Passiv zum G-Stamm):

reziprok:

maḫārum „gegenübertreten"	—	*mitḫurum* „einander gegenübertreten"
magārum „zustimmen"	—	*mitgurum* „einander zustimmen, sich einigen"
qerēbum „sich nähern"	—	*qitrubum* „aufeinander zukommen".

separativ (sporadisch bei Verben der Bewegung):

alākum „gehen"	—	*atlukum* „weg-, davongehen"
elûm „hinaufsteigen"	—	*etlûm* „nach oben (und) weggehen; vergehen"

8.3.2 Paradima des Gt-Stamms

Der Gt-Stamm hat für Präsens, Präteritum, Perfekt und Imperativ durchgehend einen identischen Themavokal, der mit dem des Präsens **G** übereinstimmt (im Präteritum wird der Themavokal bei vokalischen Endungen elidiert: **iptarasū* > *iptarsū*). In den übrigen Formen stimmen alle Verben im Vokalismus überein. Wie generell in allen abgeleiteten Stämmen haben Infinitiv, Verbaladjektiv und Stativ die gleiche paradigmatische Grundform (im Gt-Stamm *pitrus* < **pitarus*). — Die im Folgenden gebrauchten Paradigmenverben sind: *parāsum* „abtrennen" (Themavokal *a*), *paqādum* „übergeben, anvertrauen" (Themavokal *i*) und *ragāmum* „rufen" (Themavokal *u*).

		a	i	u
(Präsens G		*iparras*	*ipaqqid*	*iraggum*)
Präsens		*iptarras*	*iptaqqid*	*irtaggum*
Präteritum		*iptaras*	*iptaqid*	*irtagum*
	Pl.	*iptarsū* (Vokalelision)		
Perfekt		*iptatras*	*iptatqid*	*irtatgum*
Imperativ		*pitras*	*pitqid*	*ritgum*
Stativ		*pitrus*	*pitqud*	*ritgum*
Verbaladj.		**pitrusum*	**pitqudum*	**ritgumum*
Infinitiv		*pitrusum*	*pitqudum*	*ritgumum*
Partizip		*muptarsum*	*muptaqdum*	*murtagmum*

Wichtiger Hinweis: Das Präteritum des Gt-Stamms (*iptaras*) ist mit dem Perfekt des G-Stamms identisch. Nur der Kontext und semantische Überlegungen (Blick ins Wörterbuch) geben Aufschluss darüber, ob ein Gt-Stamm vorliegt oder nicht. Bisweilen ist keine sichere Entscheidung möglich.

8.4 D- und Dt-Stamm

8.4.1 Der D-Stamm

Vorbemerkung: In den D- und Š-Stammformen haben alle starken Verben die gleiche Vokalisierung (es gibt keine Themavokal-Differenzierungen wie etwa im Grundstamm). Das Präsens hat als Themavokal immer *a*, das Perfekt und das Präteritum jeweils *i*.

Der D-Stamm (~ hebr. Piel) zeichnet sich durch die Verdoppelung des zweiten Radikals in allen Formen aus. Der Präfixvokal lautet immer *u* (z.B. Präs. *uparras* und Prät. *uparris*; vgl. das Schwa *mobile* als Präformativvokal des hebr. Piel: *y*^{e}*kattēb* < **yukattib*-).

Der akkad. D-Stamm hat vergleichbar mit dem hebr. Piel oder dem arab. II. Verbalstamm drei Hauptfunktionen: 1. eine faktitive Funktion (bei Zustandsverben); 2. eine pluralische bzw. intensivierende Funktion (bei fientischen Verben); 3. eine denominierende Funktion.

1. Die *faktitive* Funktion meint die Herbeiführung des Zustandes, der durch den Stativ des G-Stamms bezeichnet wird. Sie ist vor allem bei Zustandsverben zu beobachten:

damiq „er ist gut" — *dummuqum* „gut machen".

2. Die *pluralische* Funktion meint die Durchführung einer Handlung an mehreren Objekten oder eine sich wiederholende Handlung; bisweilen ist auch eine „intensivere" Ausführung der Handlung gemeint (nach Auffassung anderer [N. J. C. Kouwenberg, *Gemination in the Akkadian Verb*, 1997] handelt es sich dabei um die Funktion „erhöhter Transitivität") . Beispiele:

- *išbir* „er zerbrach (z. B. einen Gegenstand)" — *ušebbir* „er zerbrach (viele Gegenstände)" (oder: „er zerschmetterte" [Intensiv-Bedeutung])
- *iššiq* „er küsste" (Verb *našāqum*) — *unaššiq* „er küsste (mehrmals), liebkoste".

3. Die *denominierende* Funktion lässt sich bei Verben greifen, die von Nomina abgeleitet sind. Solche Verben sind häufig nur im D-Stamm (und nicht im G-Stamm) bezeugt. Meist

liegt zugleich eine faktitive, bisweilen zugleich auch eine pluralische Nuance vor. Beispiel:

- *rugbum* „(nicht überdachtes) Obergeschoß“ — *ruggubum* „ein Obergeschoß errichten“.

Wichtiger Hinweis: Verben, die nicht im G-Stamm belegt sind, werden in den Wörterbüchern (nur) unter der Form des Infinitivs des jeweils anderen „primären“ Stamms aufgeführt, z.B.

- *gullubum* (D) „scheren, rasieren“ kein Querverweis unter **galābum*,
- *šuršudum* (Š) „fest gründen“ kein Querverweis unter **rašādum*,
- *naplusum* (N) „erblicken, ansehen“ kein Querverweis unter **palāsum*.

8.4.2 Der Dt-Stamm

Der Dt-Stamm entspricht dem hebr. Hitpael-Stamm. Allerdings wird das *ta*-Morphem dabei im Akkad. infigiert (nach dem ersten Radikal), im Hebr. aber präfigiert (vor dem ersten Radikal). Wie beim D-Stamm ist auch im Dt-Stamm der zweite Radikal immer verdoppelt, und der Präfixvokal lautet durchgehend *u*.

Der Dt-Stamm bezeichnet vor allem das Passiv zum D-Stamm. Gelegentlich hat er auch reflexive oder reziproke Bedeutung:

šaḫātum „sich fürchten“ (G) — *šuḫḫutum* „einschüchtern“ (D)
— *šutaḫḫutum* „eingeschüchtert werden“ (Dt).

8.4.3 Paradigma der Eckformen: D- und Dt-Stamm

	D	Dt
Präsens	*uparras*	*uptarras*
Präteritum	*uparris*	*uptarris*
Perfekt	*uptarris*	*uptatarris*
	(1. Sg. = 3. Sg.: *uparras*, etc.)	
Imperativ	*purris*	*putarris*
Stativ	*purrus*	**putarrus*
Verbaladj.	*purrusum*	**putarrusum*
Infinitiv	*purrusum*	*putarrusum*
Partizip	*muparrisum*	*muptarrisum*

Hinweis: Das Perfekt des D-Stamms (*uptarris*) ist identisch mit dem Präteritum des Dt-Stamms.

8.4.4 Konjugationsparadigma für D-Präsens und D-Präteritum

		Präsens	Präteritum
Sg.	3. c.	*uparras*	*uparris*
	2. m.	*tuparras*	*tuparris*
	2. f.	*tuparrasī*	*tuparrisī*
	1. c.	*uparras*	*uparris*
Pl.	3. m.	*uparrasū*	*uparrisū*
	3. f.	*uparrasā*	*uparrisā*
	2. c.	*tuparrasā*	*tuparrisā*
	1. c.	*nuparras*	*nuparris*

8.4.5 Konjugationsparadigma für D-Prekativ

Sg.	3. c.	*liparris*
	1. c.	*luparris*
Pl.	3. m.	*liparrisū*
	3. f.	*liparrisā*
	1. c.	*i nuparris*

Lernvokabular (8)

Nomina:

ālum — Stadt [vgl. hebr. *ʾōhæl* „Zelt, Wohnstatt“; arab. *ʾahl* „Familie, Leute“]

asûm — Arzt (sumer. Lehnwort: A.ZU; > aram. *ʾās^{e}yā*)

erûm — Adler, Geier [vs. hebr. *ʾ^{a}rī* „Löwe“]

lišānum — Zunge, Sprache [hebr. *lāšōn*; arab. *lisānun*]

muštālum — umsichtig, klug, verständig [*šaʾālum* „fragen“, Part. Gt]

nuḫšum — Fülle, Wohlstand

ṣubātum — Kleid, Gewand, Stoff

šeʾum, siehe *ûm*

šebrum — gebrochen, zerbrochen (Verbaladj. zu *šebērum*), Fem. *šebi/ertum*

ûm — (Gen. *îm*, Akk. *âm*) Gerste, Getreide; immer logographisch(?) ge schrieben: ŠE-*um*.
Alternativ (traditionell) wird das Lexem als *šeʾum* gelesen

Verben:

adārum (a/u) — **G** fürchten, Ehrfurcht haben; verehren [vgl. hebr. *ʾaddīr* „herrlich, mächtig“]

balāṭum (u/u) — **G** leben; **D** lebendig machen, am Leben lassen, heilen [hebr. *plṭ* und *mlṭ* (!)„entkommen“]

danānum (i/i) — **G** stark, mächtig sein; **D** stark machen; be-, verstärken, befestigen

ḫalāqum (i/i) — **G** verschwinden, zugrunde gehen, fliehen;
D vernichten, zugrunde richten, zerstören

kabātum (i/i) — **G** schwer sein/werden; **D** schwer machen; ehren [hebr. *kābēd* „schwer sein“]

kamārum (a/u) — **G**, **D** aufschichten, aufhäufen

karābum (a/u) — (**G** beten; segnen, grüßen) **Gt** inbrünstig/ständig beten

labāšum (a/a) — **G** (ein Kleid) anziehen, sich bekleiden mit (Akkus.); **Gt** be-, geklei det sein; **D** jmdn. bekleiden [hebr. *lbš*]

lamādum (a/a) — **G** lernen, erfahren; **D** lehren, unterrichten, informieren [hebr. *lmd*]

magārum (a/u) — **G** einwilligen, zustimmen, übereinstimmen (ähnlich **N**);
Gt einander zustimmen, vereinbaren; sich einigen mit

maḫārum (a/u) — **G** gegenübertreten; empfangen; **Gt** einander gegenübertreten, sich begegnen, einander angreifen [vgl. hebr. (< aram. < akkad.)

m^{e}ḥîr — „Kaufpreis“, eigtl. „Entsprechung“]

nakārum (i/i)	**G** anders, fremd, feindlich sein/werden; **D** verändern, abändern [hebr. *nkr*]
našāqum (i/i)	**G** küssen; **D** (innig) küssen, liebkosen [hebr. *nšq*]
paḫārum (u/u)	**G** sich versammeln; **D** versammeln, zusammenbringen
rapāšum (i/i)	**G** breit sein/werden; **D** verbreitern, erweitern [vgl. hebr. *prś* „ausbreiten" (Metathese)]
ṣabātum (a/a)	**G** packen, greifen, nehmen; **Gt** miteinander ringen [hebr. *ṣbṭ* „reichen, vorlegen"]
šakānum (a/u)	**G** stellen, setzen, legen; **Gt** für die Dauer (hin)stellen [vs. hebr. *škn* „wohnen"]

Übungen (8)

ak-ta-ra-ab Iš-ta-ri-iš (Name „Ištar" mit Terminativ-Endung)
li-im-ta-aḫ-ru
šarrum(LUGAL) *mu-uš-ta-lum*
ki-ma a-ḫu-ka šu-ma-am ra-bi-am iš-ta-ak-nu (< **ištakan-u*)
il-ta-ab-šu
*iṣ-ṣa-ab-tu (< *iṣtab(a)tū)*
a-du-ur-ma re-eš-ka ú-ka-ab-bi-it (Etana-Epos, OV-II, Rev., Z. 13′)
rēška: ist sinngemäß Objekt beider Verben.

ia-ti-i [e-ra-am bu-ul-li-iṭ] („Mich, den Adler ...!", Etana, OV-I, Rev., Kol. V, Z. 13′)
pu-ru-sé-e mātim(KALAM) *ša ap-ru-su a ú-na-ak-ki-ir* (= *ai unakkir*) (KḪ Epilog)
a-al-šu ú-dan-ni-in
a-al-šu ú-ḫa-al-la-aq
i-in a-wi-lim ub-ta-al-li-iṭ (D-Stamm)
^{d}*Šamaš*(UTU) *ù* ^{d}*Marduk*(AMAR.UTU) *li-ba-al-li-ṭú-ka / li-ba-al-li-ṭú-ki*
(= Segensformel in aB Briefen)

ki-a-am ú-lam-mi-da-an-ni
mu-kam-me-er (→ 4.3.4.2) *nu-úḫ-ši-im*
mu-ra-ap-pí-iš mi-im-ma šum-šu a-na Miš-lam (= ein Tempelname) (KḪ Prolog)
^{d}*Sîn*(ZUEN)-*mu-ba-lí-iṭ* (= Personenname in Form eines Nominalsatzes)

Lektüre (8)

KḪ § 221

šum-ma asûm(A.ZU) *eṣemti*(GÌR.PAD.DU) *a-wi-lim še-bé-er-tam uš-ta-li-im ù lu še-er-ʾa_4-nam mar-ṣa-am ub-ta-al-li-iṭ be-el si_{20}*(ṢI)*-im-mi-im a-na asîm*(A.ZU) *ḫamšat*(5) *šiqil*(GÍN) *kaspam* (KÙ.BABBAR) *i-na-ad-di-in*

- Vorbemerkung zur Syntax: Es liegt ein zusammengesetzter *šumma*-Satz vor (bis *ubtalliṭ*), gefolgt von dem Hauptsatz (der sogenannten Apodosis).
- *eṣemti ... šebertam* (Akk.); in einer Konstruktusverbindung mit adjektivischen Attribut kann dieses erst nach dem *Nomen rectum* folgen, auch wenn es sich auf das *Nomen regens* bezieht.
- *uš-ta-li-im* = *uštallim* (D-Stamm).
- *šerʾānum* „Band, Ader, Sehne", hier: „Sehne".
- *bēl simmim*: „Herr der Wunde = Patient"; in der aB Orthographie (vor allem in KḪ) werden häufig Zeichen, die primär für /ṣ/ oder /z/ stehen (SA, SI, SU; ZA, ZI, ZU), auch für /s/ eingesetzt. Daraus lässt sich schließen, dass /s/ in dieser Zeit affriziert, d.h. als [^{t}s], gesprochen wurde.
- *ḫamšat*(5) *šiqil*(GÍN) *kaspam*(KÙ.BABBAR): „fünf Schekel (an) Silber". *šiqil* ist der „Status absolutus" zu *šiqlum*. Das Gemessene „Silber" steht in dem vom Kontext geforderten Kasus (hier Akk., als Objekt zu *nadānum*). Die Kardinalzahl für „fünf" mit Bezug auf das maskuline Substantiv *šiqlum* hat femines Genus (polare Genussyntax bei den Zahlen 3-10, siehe → 14.1.4).

KḪ § 232 (Anfang)

šum-ma makkūrum(NÍG.GA) *uḫ-ta-al-li-iq mi-im-ma ša ú-ḫal-li-qú i-ri-ab*

- *irīab*: „er wird / muss (es) ersetzen" (Verb *riābum*, Präsens G: → 11.1).

Königsinschrift von Hammurapi zum Gedenken einer Kanalgrabung (King, *LIH* 1 95 = Frayne, *RIME* 4, 341f.), Z. 28 - 31:

^{28} *māt*(KALAM) *Šu-me-rí-im* ^{29} *ù Ak-ka-di-im* ^{30} *ni-ši-šu-nu sa_6-ap-ḫa-tim* ^{31} *lu u-pa-aḫ-ḫe-er*

- Pendenskonstruktion (→ 7.8): „Was das Land Sumer und Akkad betrifft — so ...".
- *sapḫātim*: Adj. f. pl. zu *sapḫum* „zerstreut" (*nišū* hat fem. Genus).
- *upaḫḫer*: Prät., hier 1. c. sg.; *lū upaḫḫer* → 7.2.

Gilgamesch OB II, Kol. I, Z. 10-11

Uruk^{ki} ma-tum pa-ḫi-ir e-li-šu
eṭ-lu-tum ú-na-ša-qú ši-pi-šu

- *Uruk*[ki] *mātum*: „das Land (der Stadt) Uruk".
- *eli*: „auf, über" ~ „bei".
- *eṭlum*: „jung; junger Mann" (mit der Pluralbildung eines Adjektivs).
- *unaššaqū*: Präsens zum Ausdruck einer Begleithandlung (= Umstandssatz, → 5.3), zugleich Sachverhalt mit iterativer Nuance („wiederholt / immer wieder etwas tun"). Das gewöhnliche Erzähltempus in der Epik ist demgegenüber das Präteritum. Zustandsbeschreibungen werden mit dem Stativ ausgedrückt (z.B. *paḫir*, Z. 10).

Klage „Ištar Bagdad", Z. 71

ú-ba-al-la-[at]-ka-ma ta-da-la-la-an-ni a-na ma-ti-im
- *uballat-ka-ma*: hier 1. c. sg.
- *tadallal-anni*: „auf dass / damit du mich preisen kannst" (finaler Sinn).

Lektion 9

N-Stamm; Š-, Št- und ŠD-Stamm

9.1 Der N-Stamm

9.1.1 Der N-Stamm (gleich hebr. Nifal und VII. Stamm des Arab.) ist gekennzeichnet durch das Präformativ *na-*, das der Verbalwurzel im Imperativ, Infinitiv, Verbaladjektiv und Stativ vorangestellt wird (z.B. Imp. *napris* und Stat. *naprus*), bzw. durch **n*, das in den übrigen Verbalformen an den folgenden Konsonanten assimiliert wird (z.B. Präs. *ipparras* < **inparras*, Perf. *ittapras* < **intapras*; Part. *mupparsum* < **munparsum* [→ 4.3.3.6]).

Die Themavokale lauten bei den Verben der Ablautklasse wie *parāsum* „abschneiden, entscheiden" und der *a*-Klasse wie etwa *maḫāṣum* „schlagen" *a* im Präsens und Perfekt, *i* im Präteritum. Bei den Verben der *i*-Klasse wie etwa *paqādum* „übergeben, anvertrauen" lauten sie wie im G-Stamm *i/i*:

	G (*a/u*)	N (*a/i*)
Präs.	*iparras*	*ipparras*
Perf.	*iptaras*	*ittapras*
Prät.	*iprus*	*ipparis*

	G (*i/i*)	N (*i/i*)
Präs.	*ipaqqid*	*ippaqqid*
Perf.	*iptaqid*	*ittapqid*
Prät.	*ipqid*	*ippaqid*

Verben der *u*-Klasse haben im N-Stamm ebenfalls häufig *a/i*, seltener *u/u* (wie im Grundstamm). Mit anderen Worten: Der N-Stamm kennt keine *a/u*-Ablautklasse. Stattdessen gibt es die Klassen *a/i* (sehr häufig), daneben *i/i* und äußerst selten *u/u* (Näheres unter → 9.1.3).

Der letzte Vokal wird im Präteritum bei vokalischen Endungen elidiert: **ipparisū* > *ipparsū*.

9.1.2 Die Hauptfunktion des N-Stamms ist — wie beim hebr. Nifal — die des *Passivs* zum G-Stamm, z.B.

imaḫḫaṣ „er schlägt" — *immaḫḫaṣ* „er wird geschlagen".

Als Stativ dazu wird bei passiver Bedeutung in der Regel der Stativ G gebraucht, z.B. *maḫiṣ* „er/es ist geschlagen". Die ziemlich seltenen Stativformen des N-Stamms werden nur gebraucht, wenn der Stativ G nicht eindeutig passivisch ist oder eine vom Stativ G abweichende Bedeutungsnuance ausgedrückt werden soll.

Gelegentlich hat der N-Stamm auch *reflexive* Funktion, z.B. *balālum* „vermischen" — *nablulum* „sich vermischen", bzw. *reziproke* Funktion, z.B. *amārum* „sehen" — *nanmurum* „sich gegenseitig sehen" = „sich treffen".

Bei Zustandsverben hat der N-Stamm in der Regel *ingressive* Bedeutung, z.B.

ibašši „er/sie ist" — *ibbašši* „er/sie entsteht".

Bei einigen Verben bringt der N-Stamm eine lexikalische Grundbedeutung zum Ausdruck, während ein G-Stamm dazu nicht belegt ist, z.B. *naplusum* „erblicken, ansehen".

9.1.3 Paradigma des N-Stamms

		a/i	***i***	***u*** (selten)
Präsens	*ipparras*	*immaḫḫaṣ*	*ippaqqid*	(*immaggur*)
2. m. sg.	*tapparras*			
1. c. sg.	*apparras*			
3. m. pl.	*ipparrasū*			
1. c. pl.	*nipparras*			
Perfekt	*ittapras*	*ittamḫaṣ*	*ittapqid*	(*ittamgur*)
Präteritum	*ipparis*	*immaḫiṣ*	*ippaqid*	(*immagur*)
3. m. pl.	*ipparsū*			
Prekativ	*lipparis*			
1. c. sg.	*lupparis*			
3. m. pl.	*lipparsū*			
Imperativ	*napris*	*namḫiṣ*	*napqid*	*namgir*

Stativ	*naprus*	*namḫuṣ*	*napqud*	*namgur*
3. f. sg.	*naprusat*			
Verbaladj.	*naprusum*	*namḫuṣum*	*napqudum*	*namgurum*
Infinitiv	*naprusum*	*namḫuṣum*	*napqudum*	*namgurum*
Partizip	*mupparsum*	*mummaḫṣum*	*muppaqdum*	*mummagrum*

Man beachte, dass das Partizip — anders als im Hebr. (*niktāb*) — wie bei allen abgeleiteten Verbalstämmen mit *mu*-Präfix gebildet wird.

9.2 Š- und Št-Stamm

9.2.1 Der Š-Stamm

Formen des Š-Stamms sind gekennzeichnet durch das Morphem *-š(a)-* bzw. (in den Formen ohne Präfix) durch das Präformativ *šu-*. Die Vokalisierung entspricht der des D-Stamms. Die hebr. Entsprechung ist das Hifil (via Lautwandel *š* = [s] > *h*).

Die Funktion des Š-Stamms ist wie beim hebr. Hifil meist die eines *Kausativs*: Der Stamm bezeichnet das Veranlassen von Sachverhalten, die durch den G-Stamm ausgedrückt werden:

bītam ēpuš „ich baute ein Haus" — *bītam ušēpiš* „ich ließ ein Haus bauen"
akšudam „ich erreichte" — *ušakšidaššu* „ich ließ ihn erreichen".

Bei Zustandsverben stehen manchmal D- und Š-Stamm ohne unmittelbar erkennbare Bedeutungsunterschiede nebeneinander (z.B. *rabûm* G „groß sein"; D und Š „groß machen" [u.ä.]). Der gleiche Befund ist im Übrigen auch im Hebr. gegeben (Piel und Hifil mit gewissen Bedeutungsüberschneidungen).

9.2.2 Der Št-Stamm

Es werden zwei Varianten des Št-Stamms differenziert, die sich formal nur in der Bildung des Präsens unterscheiden: *uštapras* ($Št_1$) vs. *uštaparras* ($Št_2$).

1. Der $Št_1$-Stamm bezeichnet das Passiv zum Š-Stamm. Sein Präsens lautet *uštapras*, z.B.

šulputum „ruinieren, plündern" (Verb *lapātum* G „berühren, angreifen"):
$Št_1$ Präs. *uštalpat* „er wird ruiniert (werden)".

šuklulum „vollenden“:

Št_1 Präs. *uštaklal* „er/es wird vollendet (werden)“.

2. Beim sogenannnten Št_2- oder lexikalischen Št-Stamm, bei dem die Bedeutung jeweils den Wörterbüchern zu entnehmen ist, lautet das Präsens jedoch *uštaparras*. Beispiele:

nadānum G „geben“:

šutaddunum Št_2 „sich miteinander austauschen, sich beraten“ (Präs. *uštanaddan*).

ešērum G „in Ordnung / gerade sein“ [~ hebr. *yšr*]:

šūšurum Š „in Ordnung bringen“

šutēšurum Št_1 „in Ordnung gebracht werden“

šutēšurum Št_2 „in Ordnung halten“.

Da Stativ und Verbaladjektiv vom Š-Stamm bereits passivische Bedeutung haben, gibt es vom Št_1-Stamm diese Formen nicht.

9.2.3 *Paradigma der Eckformen: Š- und Št-Stamm*

	Š	Št
Präsens	*ušapras*	*uštapras* (Št_1) / *uštaparras* (Št_2)
Präteritum	*ušapris*	*uštapris*
Perfekt	*uštapris*	*uštatapris*
	(1. Sg. = 3. Sg.: *ušapras*, etc.)	
Imperativ	*šupris*	*šutapris*
Stativ	*šuprus*	*šutaprus* (= Št_2)
Verbaladjektiv	*šuprusum*	*šutaprusum* (= Št_2)
Infinitiv	*šuprusum*	*šutaprusum*
Partizip	*mušaprisum*	*muštaprisum*

Hinweise: Das Perfekt des Š-Stamms (*uštapris*) ist identisch mit dem Präteritum des Št-Stamms. Man beachte im Übrigen, dass das *ta*-Morphem hier und allgemein im Št-Stamm *vor* dem 1. Radikal erscheint (Analoges gilt auch für das N-Perfekt [*ittapras* < *intapras*]; im G/D-Perfekt sowie in den Stämmen Gt und Dt erscheint es dagegen *nach* dem 1. Radikal [*iptaras*, etc.]).

9.2.4 *Konjugationsparadigma für Š-Präsens und Š-Präteritum*

		Präsens	Präteritum
Sg.	3. c.	*ušapras*	*ušapris*
	2. m.	*tušapras*	*tušapris*
	2. f.	*tušaprasī*	*tušaprisī*
	1. c.	*ušapras*	*ušapris*
Pl.	3. m.	*ušaprasū*	*ušaprisū*
	3. f.	*ušaprasā*	*ušaprisā*
	2. c.	*tušaprasā*	*tušaprisā*
	1. c.	*nušapras*	*nušapris*

9.2.5 *Konjugationsparadigma für Š-Prekativ*

Sg.	3. c.	*lišapris*
	1. c.	*lušapris*
Pl.	3. m.	*lišaprisū*
	3. f.	*lišaprisā*
	1. c.	*i nušapris*

9.3 *Der ŠD-Stamm*

Der relativ seltene ŠD-Stamm (CAD-Benennung: „II/III-Stamm") kombiniert die Merkmale des Š- und des D-Stamms (š-Morphem und zusätzlich Verdoppelung des mittleren Radikals):

Präsens	*ušparras*
Präteritum	*ušparris*
Partizip	*mušparrisum*

Der ŠD-Stamm findet sich fast nur in literarischen bzw. poetischen Texten. Seine Bedeutung ist meist ähnlich wie die des D-Stamms, allerdings bringt er wohl eine gegenüber D gesteigerte Nuance zum Ausdruck:

rabûm „groß sein":

urabbi (D) „er machte groß" (ähnliche Bedeutung auch Š-Stamm)
ušrabbi (ŠD) „er machte gewaltig groß".

Vgl. das Adjektiv *rabûm* „groß" gegenüber *šurbûm* „gewaltig groß" (*šuprus*-Bildung).

Lernvokabular (9)

Nomina:

entum	*Entum*-Priesterin; von hohem Rang, in der Regel unverheiratet (sumer. Lehnwort)
išdum	Fundament; oft im Dual (*išdā-*) [vgl. hebr. *yᵉsôd*, *yᵉsûdâ*: *š*/*s*-Wechsel]
murṣum	Krankheit [hebr. *mrṣ* „schmerzvoll sein"]
nūrum	Licht [vgl. hebr. *nīr* „Leuchte, Licht"]
ramānum	selbst; mit Reflexivpronomen entspricht es dem Reflexivpronomen: *ana ramānī-šu* für/zu sich, für sich allein
rubûm, *rubāʾum*	Fürst (Ableitung von *rabûm* „groß")
šamû, *šamāʾū*	Himmel (Plurale tantum) [hebr. *šāmayim*]
šarrūtum	Königtum (Abstraktum zu *šarrum* „König")
šarûm	reich [arab. *ṯariya* „reich sein"]
šuttum	Traum, Pl. *šunātum* (vgl. *šittum* Schlaf [hebr. *šēnâ*])
têrtum	Bescheid, Weisung, Anordnung; Opferschau-Omen (Pl. *têrētum*)
ubānum	Finger, Zehe; Pl. *ubānātum* [entspricht etymologisch hebr. *bōhæn* „Daumen, großer Zehe"]
warqum	grün; Grünes, Grünzeug [hebr. *yārāq*, *yæræq*]

Verben:

bašûm	**G** sein (Prät. *ibašši* „es gibt"; Prät. *ibši*); **N** entstehen
ḫabātum (a/u)	rauben, plündern
labāšum (a/a)	(**G** sich bekleiden mit); **Š** jmdn./etwas (mit etwas) bekleiden
maqātum (u/u)	**G** fallen, (in sich) zusammenfallen (Haus); **Š** (herab)fallen lassen
napāḫum (a/u)	**G** blasen; anzünden (Feuer); aufstrahlen (Sonne); **N** sich entzünden, entfacht werden (Feuer) [hebr. *npḥ* „blasen, anfachen]
naplusum	**N** erblicken, ansehen [hebr. *pls* pi. „achten, wahrnehmen"]
nawārum (i/i)	**G** hell sein, leuchten; **ŠD** (hell) erleuchten
ṣabātum (a/a)	(**G** packen, greifen, nehmen; **Gt** miteinander ringen); **N** = passiv zu G: gefasst werden (u.ä.)
šakānum (a/u)	(**G** setzen, stellen, legen); **Š** vorhanden sein lassen, wohnen lassen; **N** gesetzt / gestellt / gelegt werden

šalāmum (i/i)	(**G** heil, gesund sein/werden); **D** gesund machen, heilen
šuklulum	**Š** vollenden, fertigstellen
	[Wz. *kll*; hebr. *kll* und *kly* „vollenden"]
šuršudum	**Š** fest gründen
tarāṣum (a/u)	**G** ausstrecken; **Š** ~ **G** (Finger) ausstrecken
ṭarādum (a/u)	schicken, senden; vertreiben
zamārum (u/u)	**G** singen, besingen, **N** besungen werden [hebr. *zmr*]

Partikeln:

eliš	oben (vgl. → 2.6.2)

Übungen (9)

šum-ma i-na bīt(É) *a-wi-lim i-ša-tum in-na-pi-iḫ-ma ...* (KḪ § 25)
wa-ar-ka-sú ip-pa-ar-ra-ás-ma ...
in-na-ad-di-in ; *in-na-ad-di-iš-šum*
ú-ul iš-ša-ak-ka-an
it-ta-aṣ-bat
li-iz-za-mir
Anum ù ^d^*En-líl a-na* ^d^*Marduk ip-pa-al-su-šum* (mit rückverweisendem Suffix)
i-na qá-ti a-wi-lim iṣ-ṣa-ba-at (N-Stamm)
šum-ma a-wi-lum e-li entim(NIN.DINGIR) *ù aš-ša-at a-wi-lim ú-ba-nam ú-ša-at-ri-iṣ-ma* ... (KḪ § 127)

šu-ul-pu-ut ma-ti-šu ... i-na pī(KA) ^d^*En-líl šar-ri-im li-ša-aš-ki-in* (KḪ Epilog)
šulput: *lapātum (a/u)*, G „berühren"; Š „vernichten, zerstören" (hier Inf.).
lišaškin: Subjekt ist die Göttin Ninlil.

mu-šar-ši-id šu-ba-at ^uru^*Kiš*^ki^ (= Stadt *Kiš*, ca. 10 km östlich von Babylon)
mu-ša-al-bi-iš wa-ar-qí-im gi-gu-ne-e ^d^*A-a* (= die Terrassentempel der Göttin Ajja)
mu-ša-ak-li-il te-re-tim

e-li-iš uš-na-wi-ir šu-tam nu-ru (Klage „Ištar Bagdad", Z. 56)
nu-ru: ~ *nūrum* (ohne Mimation); Wortstellung ungewöhnlich.

Lektüre (9)

KḪ § 22

šum-ma a-wi-lum ḫu-ub-tam iḫ-bu-ut-ma it-ta-aṣ-ba-at a-wi-lum šu-ú id-da-ak

- *ḫuptum*: „Diebesgut"; *iddâk*: „er wird getötet werden" (*dâkum* N Präs.).

KḪ § 228 (Anfang)

šum-ma itinnum(ŠITIM) *bītam*(É) *a-na a-wi-lim i-pu-uš-ma ú-ša-ak-li-il-šum* ...

- *itinnum*: Baumeister, Haus-Konstrukteur.
- *īpuš*: *epēšum* „machen, herstellen" G Prät.

KḪ, Epilog, Kol. 47, Z. 68-69

ša ki-ma ša-me-e [69] *ù er-ṣe-tim išdā*(SUḪUŠ)*-šu ki-na*

- *kīnā*: *kânum* „fest sein", Stativ mit Dual-Endung *-ā* (3.m.du.; alternativ 3.f.pl.): „(deren beide Fundamente) fest sind".

Klage „Ištar Bagdad", Z. 54-55 (teilweise ergänzt)

lu-mu-un li-ib-bi-im ni-sà-tum mu-ur-ṣú-um
ša-ak-nu-ni-im-ma ú-ša-am-qá-tu ši-il-[ta-ḫi ?]

- *lumnum* „Schlechtes"; *nissatum* „Wehklage"; *šaknū-nim-ma* (Ventiv = dativisches Objektsuffix 1.sg.); *šiltāḫum* „Pfeil, Geschoss".

Lektion 10

Die tan-Stämme; Verben tertiae infirmae (III w, j, ʾ)

10.1 Die tan-*Stämme: Gtn, Dtn, Štn und Ntn*

Zu jedem der verbalen Hauptstämme — G, D, Š und N — kann mit Hilfe des Infixes *-tan-* eine Stammesvariante mit iterativer Nuance gebildet werden: Gtn, Dtn, Štn, Ntn.

- Das *tan*-Morphem steht im Gtn- und Dtn-Stamm nach dem 1. Radikal (z.B. Gtn Präs. *ip**tan**arras*), im Štn und Ntn steht es hinter dem Präformativ *š* bzw. *n* (z.B. Štn Präs. *uš**tan**apras*).
- Im Perfekt aller *tan*-Stämme steht das Perfektinfix *-ta-* vor dem Infix *-tan-* (z.B. Gtn *ipta**tar**ras* < **ip-ta-**tan**-ras*).
- Das *n* des *-tan*-Infixes wird an folgende Konsonanten assimiliert (z.B. Gtn Prät. *ip**tar**ras* < **ip-tan-ras*); vor Doppelkonsonanz oder zwei Konsonanten findet sich von ihm dagegen keine Spur (z.B. Dtn Prät. *uptarris*).

Die Grundfunktion der *tan*-Stämme ist die eines *Iterativs* bzw. Habitativs zu den zugehörigen einfachen Hauptstämmen. Beispiel:

irappud (G)	„er läuft"
*ir**tan**appud* (Gtn)	„er läuft immer wieder / ständig / gewöhnlich".

Es gibt formale Überschneidungen zwischen T-Stämmen (wie Gt) und *tan*-Stämmen:

- Die Formen von Gtn Präteritum und Gt Präsens sind identisch.
- Dtn und Štn unterscheiden sich von Dt bzw. Št nur im Präsens.

Bei doppeldeutigen Formen muss der zugehörige Stamm jeweils aufgrund des Sinns im entsprechenden Kontext ermittelt werden.

Bei den meisten der bezeugten *tan*-Formen handelt es sich um Formen des Präsens, zumal dieses „Tempus“ (mit imperfektivem Aspekt) von Hause aus eine Affinität zur iterativen Nuance hat. Vom nachfolgenden Paradigma sind deshalb vor allem die Präsensformen, jeweils mit dem charakteristischen *tana*-Element, gut einzuprägen, nämlich:

Gtn	*ip**tana**rras*	Štn	*uš**tana**pras*
Dtn	*up**tana**rras*	Ntn	*it**tana**pras*

Paradigma:

	Gtn		**Dtn**	**Štn**
Präsens	*iptanarras*		*uptanarras*	*uštanapras*
Präteritum	*iptarras*	< **ip-tan-ras*	*uptarris*	*uštapris*
Perfekt	*iptatarras*	< **ip-ta-tan-ras*	*uptatarris*	*uštatapris*
Imperativ	*pitarras*	< **pi-tan-ras*	*putarris*	*šutapris*
Stativ	*pitarrus*		*putarrus*	*šutaprus*
Verbaladj.	*pitarrusum*		*putarrusum*	*šutaprusum*
Infinitiv	*pitarrusum*	< **pi-tan-rusum*	*putarrusum*	*šutaprusum*
Partizip	*muptarrisum*	< **mup-tan-risum*	*muptarrisum*	*muštaprisum*

	Ntn	
Präsens	*ittanapras*	< **in-tana-pras*
Präteritum	*ittapras*	< **in-tan-pras*
Perfekt	**ittatapras*	< **in-ta-tan-pras*
Imperativ	*itapras*	< **ṇ-tan-pras* (?)
Stativ	*itaprus*	< **ṇ-tan-prus* (?)
Verbaladj.	**itaprusum*	
Infinitiv	*itaprusum*	
Partizip	*muttaprisum*	< **mun-tan-prisum*

Mit den *tan*-Stämmen wurden alle wesentlichen Kategorien des „starken“ Verbs vorgestellt. Die folgenden Abschnitte des Lehrbuchs beschäftigen sich mit den Besonderheiten der Flexion der sogenannten „schwachen“ Verben. Es handelt sich dabei vor allem um Verben, die *w* oder *j* oder einen Laryngal als Wurzelradikal (an erster, zweiter oder dritter Position) besitzen. Entsprechende Phoneme treten in einigen oder vielen/allen Formen des Paradigmas nicht als Konsonant in Erscheinung.

10.2 Verben III infirmae

10.2.1 Vokalklassen (III infirmae)

Die Verben III *infirmae* sind die größte Gruppe der sogenannten „schwachen" Verben. Sie umfasst zwei Untergruppen:

- einerseits die Verben *tertiae infirmae* im engeren Sinn (Verben III *j* oder III *w* — sie entsprechen den Lamed-He-Verben des Hebr.),
- andererseits Verben mit Gutturallauten („Laryngalen") als 3. Radikal (ʾ, *h*, *ḥ*, ʿ, *ġ*; akkadistisch: $ʾ_{1\text{-}5}$).

Im Akkadischen verteilen sie sich entsprechend den Auslautvokalen auf vier Klassen:

i-Klasse:	z. B.	*ibni*	„er baute"	(Wz. *bny*)
u-Klasse:		*imnu*	„er zählte"	(Wz. *mnw*)
a-Klasse:		*ikla*	„er hielt zurück"	(Wz. *klʾ*)
e-Klasse:		*išme*	„er hörte"	(Wz. *šmʿ*).

Aus etymologischer Sicht gilt dabei:

Verben III *j*	sind	*ultimae -i*
Verben III w	sind meist	*ultimae -u*
Verben III *ḥ*/ʿ/*ġ*	sind	*ultimae -e*
Verben III ʾ/*h*	sind	*ultimae -a.*

Von diesen ist die *i*-Klasse die häufigste; die Verben der anderen Klassen, vor allem die Verben der *u*-Klasse, werden dieser bisweilen angeglichen (zunehmend ist dies in nach-aB Zeit der Fall).

Einige Einzelbemerkungen zum Paradigma:

- Der Stativ des G-Stammes endet allgemein auf *-i*, nur bei Verben III *w* auf *-u*.
- Im D- und Š-Stamm sind die Auslautvokale bei allen Klassen gleich und entsprechen in der Regel dem Vokal vor dem 3. Radikal beim starken Verb, z.B. (*banûm* „bauen"):

D Präs.	*ubanna*	entsprechend	*uparras*
D Prät.	*ubanni*	entsprechend	*uparris.*

- Im N-Stamm bleiben beim Präsens und Perfekt die charakteristischen Vokale erhalten. Das Präteritum hat durchgängig *-i*.

10.2.2 Lautregeln (III infirmae)

Ursprünglich lange Vokale werden im absoluten Wortauslaut gekürzt, z. B. *ibni* < **ibnī*; *išme* < **išmē* (< **išmaˁ* → 4.3.4.1). Die Länge bleibt jedoch vor Pronominalsuffixen und vor *-ma* erhalten, z.B. *išmē-šu* „er hörte ihn", *abkī-ma* „ich weinte".

Bei Antritt von vokalischen Endungen werden die Vokale gewöhnlich kontrahiert; altbabylonisch bleiben die Vokalfolgen *ia, ea* und auch *iu* jedoch häufig erhalten, z. B.

zaku + *āku*	>	*zakâku*	„ich bin rein"
išme + *ū*	>	*išmû*	„sie hörten"
iqbi + *am*	>	*iqbiam* / *iqbâm*	„er/sie sagte mir"
ibni + *ū*	>	*ibniū* / *ibnû*	„sie bauten".

Der auslautende Vokal des Partizips wird im St. cs. manchmal elidiert: *bān* < *bāni*.

10.2.3 Paradigma der Verben III infirmae (banûm, i-Klasse [u.a.])

			i-Klasse	*e*-Klasse	*u*-Klasse	*a*-Klasse
			(III j	III ḫ/ˁ/ǵ	III *w*	III ʾ/*h*)
Präs.	3. c.	Sg.	*ibanni*	*išemme*	*imannu*	*ikalla*
		1. Sg.		*ešemme* (*a* > *e* [→ 4.3.4.1])		
Prät.	3. c.	Sg.	*ibni*	*išme*	*imnu*	*ikla*
	2. m.		*tabni*	*tešme*	*tamnu*	*takla*
	2. f.		*tabnî*	*tešmê/î*	*tamnî*	*taklî*
	1. c.		*abni*	*ešme*	*amnu*	*akla*
	3. m.	Pl.	*ibniū/û*	*išmû*	*imnû*	*iklû*
	3. f.		*ibniā/â*	*išmeā/â*	*imnâ*	*iklâ*
	2. c.		*tabniā/â*	*tešmeā/â*	*tamnâ*	*taklâ*
	1. c.		*nibni*	*nišme*	*nimnu*	*nikla*

Prät. + Subordinativ: Sg. *ibnû, tabnû, tabnî, abnû*; Pl. *ibnû, taniā/â, nibnû.*

Perf.	3. c. Sg.	*ibtani*	*išteme*	*imtanu*	*iktala*
Imp.	m. Sg.	*bini*	*ši/eme*	*munu*	*kila*
	f.	*binî*	*šimê/î*	*munî*	*kilî*
	c. Pl.	*biniā/â*	*šimiā/â*	*munâ*	*kilâ*

Stat.	3. m. Sg.	*bani*	*šemi*	*manu*	*kali*
	3. f.	*baniat*	*šemiat*	*manât*	*kaliat*
	2. m.	*baniāta*	*šemiāta*	*manâta*	*kaliāta*
		(auch: *banât*, *banâta* [etc.])			
Verbaladj.		*banûm*	*šemûm*	*manûm*	*kalûm*
Infinitiv		*banûm*	*šemûm*	*manûm*	*kalûm*
Partizip		*bānûm*	*šēmûm*	*mānûm*	*kālûm*

		D	Dt	Š	N
Präs.	3. c. Sg.	*ubanna*	*ubtanna*	*ušabna*	*ibbanni* *immannu* *ikkalla*
Prät.		*ubanni*	*ubtanni*	*ušabni*	*ibbani* *immani* *ikkali*
Perf.		*ubtanni*	*ubtatanni*	*uštabni*	*ittabni* *ittamnu* *ittakla*
Imp.		*bunni*	**butanni*	*šubni*	*nabni*
Stat.		*bunnu*	**butannu*	*šubnu*	*nabni*
Verbaladj.		*bunnûm*	**butannûm*	*šubnûm*	**nabnûm*
Infinitiv		*bunnûm*	*butannûm*	*šubnûm*	*nabnûm*
Partizip		*mubannûm*	*mubtannûm*	*mušabnûm*	*mubbanûm*

Lernvokabular (10)

Nomina:

dajjānūtum	Richtertum, Richteramt [vgl. hebr. *dayyān*]
ḫalqum	entflohen, verloren (Verb *ḫalāqum*)
kussûm < **kussium*	Stuhl, Thron (sumer. Lehnwort: GU.ZA) [hebr. *kissēʾ*]
mūšum	Nacht [arab. *masāʾun*]
mūšam u urram	(die) Nacht und (den) Tag = Tag und Nacht
nakrum	feindlich, fremd; Feind [vgl. hebr. *nokrī*]
qaqqarum	Erdboden, Terrain, Erde [hebr. *qarqaʿ* „Grund, Boden"]

rigmum	Stimme, Geschrei
siqrum, siehe *zikrum*	
ṣeḫrum	klein; Kleinkind [arab. *ṣaġīr* „klein"]
šībum	graues Haar; alter Mann, Greis; Zeuge; Pl. *šībū* „Zeugen" und *šībūtum* „die Ältesten" [hebr. *śēb*, *sēbâ* „Greisenalter"]
šurqum	Diebstahl, Gestohlenes
ūmum	Tag [hebr. *yōm*]
ūmišam	täglich (*ūm-* + Term. *-iš* + *-am*)
urrum	Tag [hebr. *ʾōr* „Licht"]
zikrum, *siqrum*	auch: Rede, Ausspruch, Wort

Verben III *infirmae*:

bakûm (i)	weinen, klagen [hebr. *bky* = *bākâ* (Graphie: *bkh*)]
banûm (i)	bauen, erschaffen [hebr. *bny*]
bašûm (i)	**G** sein, existieren (Präs. *ibašši* „es gibt") **Š** ins Dasein rufen, erzeugen, erschaffen **N** entstehen, ins Sein treten
ḫadûm (u)	**G** sich freuen (Stativ *ḫadi*); **D** erfreuen [hebr. *ḥdy* „froh sein"]
kalûm (a)	zurückhalten, festhalten; verwehren [hebr. *klʾ*]
lawûm (i)	umgeben, umzingeln [hebr. (< aram.) *lwy* „begleiten, umgeben"]
leqûm (e)	nehmen, wegnehmen, empfangen [hebr. *lqḥ*]
malûm (a)	**G** voll sein, anfüllen; **D** anfüllen; voll machen, voll bezahlen; *ana qāt* X *mullûm* jmdm. aushändigen, ausliefern [hebr. *mlʾ*]
manûm (u)	zählen, rechnen; rezitieren [hebr. *mny*]
nadûm (i)	werfen; hinlegen, niederlegen [entspricht hebr. *ydy* (I-y)]
petûm (e)	öffnen [hebr. *ptḥ*]
qabûm (i)	sagen, sprechen
rabûm (i)	**G** groß sein/werden; **D** groß machen, aufziehen **Š** groß machen [hebr. *rby*]
rašûm (i)	bekommen, erhalten, erwerben
redûm (e, i)	geleiten, führen, bringen
šebûm (e)	**G** sich sättigen, satt werden; **D** sättigen [hebr. *śbʿ*]
šemûm (e)	hören [hebr. *šmʿ*]
tebûm (e)	**G** aufstehen, sich aufmachen; **Š** aufstehen lassen, hochheben [vgl. arab. *tabiʿa* „folgen"]

Andere Verben:

marāṣum (a/a) krank, beschwerlich sein/werden [hebr. *mrṣ*]
salāmum (i/i) freundlich, friedlich sein/werden
(Sekundärwurzel zu *šalāmum* „heil sein" [hebr. *šlm*])

Übungen (10)

u$_4$-mi-ša-am-ma [*im-ta-na-aḫ-ḫa-ar* ^{d}*Šamaš*(utu)] (Etana-Epos)
maḫārum: hier „sich (bittend) an jmdn. (– Akk.) wenden".

a-na a-ḫi-ia aš-ta-na-ap-pa-ar
a-na ba-la-ṭì-ka mu-ša-am ù ur-ra-am ak-ta-na-ra-ab
a-na mi-nim li-ib-ba-ki im-ta-na-ar-ra-aṣ
sattukkī (SÁ.DUG$_4$.MEŠ) *im-ta-na-ḫa-ru*
sattukkum: „regelmäßige Opferration".

Ia-šu-ub-^{d}*Da-gan a-na I-ma-ar*^{ki} *ka-a-ia-ni-iš iš-ta-na-ap-par*
Jašūb-Dagan: westsemit. PN ("Dagan ist zurückgekehrt" [Verb *šwb*]).
Imar: Stadt Emar in Syrien (am Euphrat-Knie); *kajjāniš* „ständig".

is-sà-na-aḫ-ḫu-ur (< **istanaḫḫur*; *saḫārum* „sich wenden, suchen")

šum-ma a-wi-lum kaspam(KÙ.BABBAR) *it-ti tamkārim*(DAM.GÀR) *il-qé-ma* ...
itti: hier „von".

suluppī(ZÚ.LUM.MEŠ) *ša i-na* ^{giš}*kirîm*(KIRI$_6$) *ib-ba-aš-šu-ú*
suluppū (Pl.) „Datteln".

šum-ma wardam(ÌR) *šu-a-ti i-na bi-ti-šu ik-ta-la-šu* (KH § 19)
iktala-šu: mit (auf *wardam*) rückverweisendem Suffix.

il-qé ; *íl-qú-ú* ; *i-le-qé* ; *il-te-qé*
e-li-šu ab-ki
mārī(DUMU.MEŠ)-*ša ú-ra-ab-ba*
iš-tu mārī(DUMU.MEŠ)-*ša úr-ta-ab-bu-ú* (*ištu* als Subjunktion: „nachdem ....")
i-ba-aš-šu-ú ; *ib-ba-aš-šu-ú*
e-li-ša a-wa-tum ma-ru-uš-tum ú-ul i-ba-aš-ši
elīša: hier komparativisch (vgl. hebr. *min* im Komparativ) „mehr/schlimmer als es"; *awātum*: hier „Angelegenheit".
šarrum(LUGAL) *ša i-na mātim*(KALAM) *ib-ba-aš-šu-ú*
lu-uḫ-du (Verb *ḫadûm*)
in I-gi$_4$-gi$_4$ ú-šar-bí-ù-šu
in = *ina*; *Igigi*-Götter; *ušarbiū-šu* (unkontrahierte Form).

mu-ḫa-ad-di li-ib-bi Ištar
i-na bi-ti-šu ik-ta-la-šu
ir-ta-ši
i-ma-an-nu-ši
a-wa-at ta-aq-bi-im ú-ka-bi-it

Zur Syntax vgl. → 7.7.2; *taqbim*: 2.f.sg. + Ventiv = dativ. Objektsuffix 1.sg.

iš-me a-wa-tam šu-a-ti
i-lu iš-mu-ú sí-qí-ir-šu (*siqrum* ~ *zikrum*)
te-še-mi zi-ik-ri (*tešemmî*: 2.f.sg.)
eš-te-ne-me-e (1.c.sg.) *ta-zi-im-ta-ka* (*tazzimtum* „Klage"; Verb *nazāmum*)
u_4-mi-ša-am iš-te-né-em-mu-ú ri-gim ᵈ*Ḫuwawa*(ḪU) (Gilgamesch-Epos)

ūmīšam: „täglich"; ᵈ*Ḫuwawa*: Gottheit, Hüter des Zedernwaldes.

... a-na qá-at na-ak-ri-šu li-ma-al-li-šu-ma ... (KḪ Epilog)
ka-ak-ki-ka li-qé ; *ka-ak-ki-šu il-qé* ; *il-qé ka-ak-ka-šu*
... a-na i-ša-tim ... in-na-ad-di (KḪ § 25)
i-na-ad-du-ú-ši
ik-ta-ri ki-ša-di (Klage „Ištar Bagdad", Z. 82)

karûm (u/u; i/i) „kurz sein / werden"; *kišādum* „Hals, Nacken".

Lektüre (10)

KḪ § 17

šum-ma a-wi-lum lu wardam(ÌR) *lu amtam*(GEMÉ) *ḫal-qá-am i-na ṣe-ri-im iṣ-ba-at-ma a-na be-lí-šu ir-te-de-a-aš-šu šina*(2) *šiqil*(GÍN) *kaspam*(KÙ.BABBAR) *be-el wardim*(ÌR) *i-na-ad-di-iš-šum*

- *irtedeaššu*: < *irtede-am-šu.*
- *šina šiqil*: „zwei Schekel" (→ 14.1.4); *inaddiššum*: < **inaddin-šum.*

KḪ § 190

šum-ma a-wi-lum ṣe-eḫ-ra-am ša a-na ma-ru-ti-šu il-qú-šu-ma ú-ra-ab-bu-šu it-ti mārī(DUMU.MEŠ)*-šu la im-ta-nu-šu tar-bi-tum ši-i a-na bīt*(É) *a-bi-šu i-ta-ar*

- *šumma*-Satz (bis *imtanūšu*) mit eingeschobenem *ša*-Relativsatz (bis *urabbû-šu*), gefolgt von der Apodosis (ab *tarbītum*).
- *ana mārūtim leqûm*: „in (den Rechtsstatus der) Sohnschaft aufnehmen, adoptieren".
- *ilqû-šū-ma*: **ilqe* + Subord. + Suffix + verknüpfendes *-ma* (→ 6.7).
- *imtanū-šu*: *manûm*, ein Verb der *u*-Klasse (*-ū-* ist hier nicht Subord.-Marker).
- *tarbītum*: (adoptiertes) Ziehkind, Zögling (vgl. *rabûm* D).
- *itâr*: *târum*, G Präs. 3.c.sg „er wird/kann/muss zurückkehren" (vgl. → 11.1.2).

KḪ, Epilog, Kol. 48: 20-24

Ḫa-am-mu-ra-pí-mi be-lum ša ki-ma a-bi-im wa-li-di-im a-na ni-ši i-ba-aš-šu-ú

- *-mi:* → 6.8.
- *abum wālidum:* wörtlich „gebärender/zeugender Vater".
- *ibaššû:* **ibašši* + Subord.-Endung (< **ibaššī-u*).

Kraus, AbB 5, 225 (aB Brief), Z. 1-3

1 *a-na* PN[f] 2 *qí-bí-ma* 3 *um-ma* PN*-ma*

- Gewöhnliches Adressierungsformular in einem Brief.
- Z. 1-2: sogenannte Botenformel; *qibī-ma* : Imp. mit hervorhebendem *-ma*.
- Z. 3: Nominalsatz; sinngemäß: „Folgendermaßen *spricht* PN (= der Absender)".

Eingeweide-Omen (YOS 10, 31 II 24ff.)

šum-ma mar-tum is-ḫu-ur-ma ú-ba-na-am il-ta-we-e ... (für die Apodosis vgl. Lektüre (5))

- *martum:* „Gallenblase"; *ubānum:* „Finger", hier: ein Fortsatz der Leber.
- *iltawē* ~ *iltawi* (zum langen Auslautvokal vgl. → 10.2.2)

Gilgamesch-Epos (aB Version), OB III, Z. 107

i-nu-ma at-ta-la-ku it-ti bu-lim

- *attallaku* (< *ʔ*ah-tan-lak-u*): *alākum* „gehen" (→ 12.3), Gtn („umherziehen").
- *būlum:* „Tiere (der Steppe)" (kollektiv).

Atramḫasis-Epos, I. Tafel, Z. 194-197 (Nomina im St. rectus überwiegend ohne Mimation)

at-ti-i-ma šà-as-sú-ru ba-ni-a-at a-wi-lu-ti
bi ni ma lu-ul-lu-u li-bi-il$_5$ *ab-ša-nam*
ab-ša-nam li-bi-il ši pí ir [d]*En-líl*
šu-up-ši-ik ilim(DINGIR) *a-wi-lum li-iš-ši*

- *šassūru(m)*: „Mutterleib"; *bāniat.*
- *lulû(m)*: Bezeichnung des Urmenschen.
- *lībil: wabālum* „tragen", G Prekativ; *abšānum:* „Joch".
- *šupšikkum/tupšikkum:* „Tragkorb" (für Ziegeln u.a.).
- *liššі: našûm* „hochheben, tragen", G Prekativ (< *linši*).

Atramḫasis-Epos, I. Tafel, Z. 385-386

1*At-ra-am-ḫa-si-is il-qé-a te-er-tam*
ši-bu-ti ú-pa-aḫ-ḫe-er a-na ba-bi-šu

- *Atram-ḫasīs* (wörtlich: „übergroß an Weisheit").
- *ilqēa:* **ilqe* + Ventiv (ohne *-m*).

LEKTION 11

Verben mediae infirmae (II w, j, ʾ); Verben I n

11.1 *Verben mediae infirmae (II w, j, ʾ)*

11.1.1 *Vokalklassen und Lautregeln*

Die Gruppe der Verben *mediae infirmae* (II *inf.*) umfasst im Akkad. die Wurzeln *mediae w* und *mediae j* — auch „hohle Wurzeln" genannt — sowie die Wurzeln *mediae Aleph* im weiteren Sinn. Die Formenbildung dieser Verben weicht besonders deutlich vom starken Verb ab.

Bei dieser Wurzelklasse sind drei Themavokale bezeugt: Es gibt eine **ū**-Klasse (am häufigsten), eine **ī**-Klasse und eine **ā**-Klasse (nur ganz vereinzelt). Die Länge der Vokale resultiert daraus, dass der schwache mittlere Radikal (*w* oder *j*) mit dem eigentlichen Themavokal (*u*, *i*, *a*) verschmolzen ist. Dabei gilt etymologisch:

- Verben II *j* gehören immer der **ī**-Klasse an,
- Verben II *w* gehören meist der **ū**-Klasse an,
- einige wenige Zustandsverben II *w* gehören der **ā**-Klasse an, z.B. *bâšum* „sich schämen" oder *ḫâšum* „unruhig, in Sorge sein".

Vgl. hierzu den Befund des Hebr.:

ī-Klasse:	*śym* „stellen, legen"	:	*yāśīm*
ū-Klasse:	*qwm* „aufstehen"	:	*yāqūm*
ā-Klasse:	*bwš* „sich schämen"	:	*yēbōš* < **yibāš*.

Vgl. den Befund des Klassischen Arabisch:

ī-Klasse:	*ṣyr* = *ṣāra* „werden"	:	*yāṣīru*
ū-Klasse:	*qwm* = *qāma* „aufstehen"	:	*yaqūmu*

ā-Klasse: *nwm* = *nāma* „schlafen“: *yanāmu*.

Die Verben *mediae Aleph* (im weiteren Sinn) können mit festem *Aleph* stark flektiert werden, z.B. *daʾāpum* „niederstoßen“ (Präs. *idaʾʾip*), oder nach Analogie der Wurzeln II *w/j* schwach. Im letzteren Fall gilt Folgendes:

- Verben, die etymologisch *mediae* ʾ1-2 (< ʾ bzw. *h*) sind, flektieren wie die hohlen Wurzeln der *ā*-Klasse.
- Verben, die etymologisch *mediae* ʾ3-5 (< *ḥ*, ʿ, *ġ*) sind, zeigen Formen mit *ē* und bilden somit eine eigene vierte Vokalklasse, die sogenannte *ē*-Klasse.

Es gibt auch Verben, die nebeneinander sowohl Formen mit festem *Aleph* bilden als auch Formen entsprechend den Verben *mediae infirmae*, z. B. *šâlum*/*šaʾālum* „fragen“ (ersteres aB, letzteres gewöhnlich mB). Zu Einzelheiten sind die Wörterbücher zu konsultieren.
Es gibt im G-Stamm der Verben *mediae infirmae* somit insgesamt vier Vokalklassen:

ū-Klasse	II *w*	z.B.	*kwn*	= *kânum* „fest sein“	Prät. *ikūn*
ī-Klasse	II *j*	z.B.	*qjš*	= *qiāšum* „schenken“	Prät. *iqīš*
ā-Klasse	II *w*	z.B.	*bwš*	= *bâšum* „sich schämen“	Prät. *ibāš*
	II-ʾ1-2	z.B.	*šʾl*	= *šâlum* „fragen“	Prät. *išāl*
ē-Klasse	II-ʾ3-5	z.B.	*bʿl*	= *bêlum* „herrschen“	Prät. *ibēl*.

Die Verben II *infirmae* werden im AHw. in ihrer altbabylonische Form aufgeführt. Da die Vokalfolge /i-a/ aB in der Regel nicht kontrahiert, zitiert das AHw. wie folgt: unkontrahiert *qiāšum*, kontrahiert *kânum, bâšum, bêlum*. Im CAD werden alle Verben in ihrer kontrahierten jungbabylonischen Form (ohne Mimation) zitiert, also: *qâšu*, *kânu* (etc.).

11.1.2 Keine Verdoppelung des mittleren Radikals

In Formen, bei denen nach dem Paradigma des starken Verbs eine Verdoppelung des mittleren Radikals erfolgen müsste, wird gleichsam ersatzweise der dritte Radikal verdoppelt, und zwar in allen Formen, in denen vokalische Endungen an diesen Radikal treten (im absoluten Wortauslaut ist eine Konsonantenverdoppelung nicht möglich).

Konkret bedeutet dies:

- Im D-Stamm und (wohl in sekundärer Analogie dazu auch im) Š-Stamm wird der letzte Radikal beim Antritt von vokalischen Endungen durchgehend, also auch im Präteritum verdoppelt (zum Beispiel Präteritum *ukīn*, Pl. *ukinnū* [Verb *kânum*]).

- Im G- und N-Stamm wird diese Verdoppelung (in Verbindung mit einem Wechsel des Vokals: *â* > *u*) nur im Präsens durchgeführt, nicht aber im Präteritum und Perfekt: Präsens *ikân* (assyr. *ikūan*), Pl. *ikunnū*; Präteritum *ikūn*, Pl. *ikūnū*. (Die Vokalablautung im Präs. erklärt sich dadurch, dass die Sg.-Form *ikân* aus *ikūan* [< **ikawwan*[?]] entstanden ist.)

11.1.3 Das Paradigma der Verben mediae infirmae (Ausgangspunkt: ū-Klasse)

(Zu den Paradigmenverben siehe oben [→ 11.1.1]; ferner *mâdum/maˀādum* „viel, zahlreich sein" und *dâkum* „töten")

G-Stamm	Präs.	Prät.	Perf.	Verben der *ī*-, *ā*-, *ē*-Klasse
3. c. Sg.	*ikân*	*ikūn*	*iktūn*	Präs. *iqīaš/iqâš*, Pl. *iqiššū*
	assyr. *ikūan* (< **ikawwan*)			Prät. *iqīš*; Perf. *iqtīš*
2. m.	*takân*	*takūn*	*taktūn*	*ibâš*, Pl. *ibaššū; ibāš; ibtāš*
2. f.	*takunnī*	*takūnī*	*taktūnī*	*išâl*, Pl. *išallū; išāl; ištāl*
1. c.	*akân*	*akūn*	*aktūn*	*ibêl*, Pl. *ibellū; ibēl; ibtēl*
3. m. Pl.	*ikunnū*	*ikūnū*	*iktūnū*	
3. f.	*ikunnā*	*ikūnā*	*iktūnā*	
2. c.	*takunnā*	*takūnā*	*taktūnā*	
1. c.	*nikân*	*nikūn*	*niktūn*	
Imperativ	*kūn* (fem. *kūnī*, Pl. *kūnā*).			*qīš, bāš, šāl, bēl*
Stativ	*kīn*, Pl. *kīnū*.			*qīš, bāš, mād, bēl* *šaˀil* (mit festem *Aleph*)
Verbaladj.	*kīnum*			*qīšum*
Infinitiv	*kânum*			*qiāšum/qâšum, bâšum, bêlum* *šaˀālum/šâlum*
Partizip	—			*qāˀišum, šāˀilum, *bēˀilum* (d. h. Formen wie *mediae Aleph*)

Gt-Stamm Präs. **iktân, Prät. iktūn, Part. muktīnum, Inf. kitūnum*

D-Stamm	Präs.	Prät.	Perf.
3. c. Sg.	*ukān*	*ukīn*	*uktīn*
2. m.	*tukān*	*tukīn*	*tuktīn*
2. f.	*tukannī*	*tukinnī*	*tuktinnī*
1. c.	*ukān*	*ukīn*	*uktīn*

3. m. Pl.	*ukannū*	*ukinnū*	*uktinnū*
3. f.	*ukannā*	*ukinnā*	*uktinnā*
2. c.	*tukannā*	*tukinnā*	*tuktinnā*
1. c.	*nukān*	*nukīn*	*nuktīn*
Imperativ	*kīn*, Pl. *kinnā*		
Stativ	*kūn*, Pl. *kunnū*		
Verbaladj.	*kunnum*		
Infinitiv	*kunnum*		
Partizip	*mukinnum*, St. cs. *mukīn*		

	Š-Stamm	N-Stamm
Präsens	*ušdāk, ušmād, *ušbēl*	*iddâk*, Pl. *iddukkū; iqqīaš/iqqâš; iššâl*
Präteritum	*ušdīk, ušmīd, *ušbēl*	**iddīk; iqqīš; iššāl, ibbēl*
Perfekt	*uštadīk* , **uštamīd*	—
Imperativ	*šudīk, *šumīd*	—
Stativ	*šudūk*	**nadūk*
Infinitiv	*šudūkum, šumūdum*	*nadūkum*
Partizip	*mušdīkum, mušmīdum*	**muddīkum, *muššālum, *mubbēlum*

11.2 Verben I n

Verben I *n* werden in weiten Teilen des Paradigmas analog zum starken Verb flektiert. Allerdings wird der erste Radikal, *n*, an unmittelbar folgende Konsonanten assimiliert, z.B. *iqqur* < **inqur* „er/sie zerstörte" (→ 4.3.3.6). Diese Assimilation findet jedoch in einigen Formen des N-Stammes nicht statt (z. B. Perf. *ittanqar* und Stativ *nanqur*).

Im Imperativ des G-Stamms verändert sich anlautendes (wahrscheinlich silbisches) *n* zu einem Vokal: *u* bzw. *i* (entsprechend dem Folgevokal):

**ṇqur*	> *uqur* (fem. *uqrī*)	*naqārum* „zerstören"
**ṇdin*	> *idin* (fem. *idnī*).	*nadānum* „geben"
	(assyr. jedoch *din* [vgl. hebr. *tēn* „gib!"]).	

Das gleiche Phänomen tritt auch in Gt- und Gtn-Formen ohne Konjugationspräfixe ein, z.B.

**ṇtqurum* > *itqurum* (Inf. / Verbaladj. Gt).

Das Paradigma der Verben I *n* (von *naqārum* „zerstören“):

	G	Gt	D	Š	N
Präsens	*inaqqar*	*ittaqqar*	*unaqqar*	*ušaqqar*	*innaqqar*
Präteritum	*iqqur*	*ittaqar*	*unaqqer*	*ušaqqer*	*innaqer*
Perfekt	*ittaqar*	*ittatqar*	*uttaqqer*	*uštaqqer*	*ittanqar*
Imperativ	*uqur*	*itqar*	*nuqqer*	*šuqqer*	*naqqer*
Stativ	*naqer*	**itqur*	*nuqqur*	*šuqqur*	*nanqur* (auch: *naqqur*)
Verbaladj.	*naqrum*	**itqurum*	*nuqqurum*	*šuqqurum*	*nanqurum*
Infinitiv	*naqārum*	*itqurum*	*nuqqurum*	*šuqqurum*	*nanqurum* (auch: *naqqurum*)
Partizip	*nāqirum*	*muttaqrum*	*munaqqirum*	*mušaqqirum*	*munnaqrum*

Lernvokabular (11)

Nomina:

alaktum	Gang, (Lebens)wandel (Verb *alākum*) [vgl. hebr. *hlk* und Derivate]
ebbum	rein
nukurtum	Feindschaft; *māt nukurtim* „feindliches/fremdes Land“ [hebr. *nēkār* „die Fremde“; *nokrī* „Fremder, Ausländer“]
šīmtum	Schicksal, Geschick, Los (vgl. Verb *šiāmum*)
šīrum	Fleisch, Leib [hebr. *šᵉʾēr*]
	šīram/libbam ṭubbum (*ṭiābum* D) = (jmdn.) erfreuen

Verben *mediae infirmae*:

dâkum (ū)	**G** töten; **Š** töten lassen; **N** getötet werden
diānum, dânum (ī)	richten [hebr. *dyn*]
kânum (ū)	**G** fest / wahr / dauerhaft sein; **D** fest / dauerhaft machen, einrichten [hebr. *kwn*]
mâdum, maʾādum	viel, zahlreich sein [vgl. hebr. *mᵉʾōd* „sehr“]
mâtum (ū)	**G** sterben; **Š** töten [hebr. *mwt*]

qâlum (ū)	Acht geben (Dat. = auf jmdn.), aufpassen; schweigen
rêqum (ē)	fern sein [hebr. *rḥq*]
riābum, râbum (ī)	ersetzen, erstatten, vergelten (Präs. *irīab*)
šâlum, šaʾālum (ā)	fragen, bitten, fordern [hebr. *šʾl*]
šâmum, šaʾāmum (ā)	kaufen, erwerben
šiāmum, šâmum (ī)	festsetzen, bestimmen [hebr. *śym*]
târum (ū)	**G** sich umwenden, zurückkehren, umkehren **D** zurückbringen, -geben; (wieder) herstellen; machen zu [vgl. hebr. *twr* „auskundschaften"]
ṭiābum, ṭâbum (ī)	**G** gut, schön sein/werden; **D** gut, schön machen, erfreuen [hebr. *ṭwb*]
waʾārum, wârum (-/ī)	**G** gehen, herangehen; **D** beauftragen, übersenden (Präs. aB nicht bezeugt; Prät. *iwīr*)
zâzum (ū)	teilen; auf-, zu-, verteilen; Anteil nehmen
zêrum (ē)	nicht mögen, hassen Part. *zāʾerum* hassend, Feind

Verben I *n*

nabûm (i/i)	nennen, benennen, ernennen, berufen [vgl. hebr. *nābīʾ* „Prophet", eigtl. „Ernannter, Berufener"]
naqārum (a/u)	**G** (ähnlich **D**) niederreißen, zerstören [hebr. *nqr* „ausreißen, herausbrechen"]
naṭālum (a/u)	schauen, sehen

andere Verben:

agārum (a/u)	(für Geld) mieten
qebērum (i/i)	begraben [hebr. *qbr*]
šarāqum (i/i)	stehlen; auch: kidnappen (eine Person stehlen)

Adverb:

mādiš	sehr [hebr. *$m^{eʾ}$ōd*]

Übungen (11)

i-ta-ar a-na be-lí-šu
di-in ma-tim ša a-di-nu (KḪ Epilog)
.... *itti*(KI) PN *a-bi-ša* ... *i-ša-mu-ši* (= *išāmū-šī*)
itti PN *šâmum*: „von jemandem (ab-)kaufen".

eq-la-am itti(KI) PN^{m} *mār* PN^{m} PN^{f} *mārat*(DUMU.MUNUS) PN^{m} *ù* PN^{f} *um-ma-ša i-ša-ma* (*išāmā*: Prät. 3.f.pl.)

i-du-uk-ku
ši-ir ni-ši ú-ṭi-ib
a-na ši-ir ni-ši ṭú-ub-bi-im šu-mi ib-bu-ú (KḪ Prolog)
šum-ma a-wi-lum šu-ú a-na a-wa-ti-ia ... *i-qúl-ma* / *la i-qúl-ma* ... (KḪ Epilog)
qú-li-im (Imp. f.sg. mit Ventiv [= OS])
il-ta-am ... *i-ša-lu* (= *išālū*)
i-zu-uz-zu (= *izuzzū*); *i-zu-zu* (= *izūzū*)
^{d}*En-líl ša-i-im ši-ma-at mātim*(KALAM) (KḪ Prolog)
^{d}*En-líl be-lum mu-ši-im ši-ma-tim* (KḪ Epilog)
i-ši-mu-šum (= *išīmū-šum*)
... *wardam*(ÌR) *amtam*(GEMÉ) *ša a-wi-lim iš-ta-am* ... (KḪ § 280)
i-na li-ib-bi-šu šar-ru-tam da-rí-tam ... *ú-ki-in-nu-šum* (KḪ Prolog)
a-na na-di-na-ni-šu ú-ta-ar-ma ... (*nādinānum* „Geber, Verkäufer")
šum-ma amtum(GEMÉ) *ši-i im-tu-ut* (KḪ § 214)

mu-ki-in (= *mukīn*)
mu-ṭì-ib li-ib-bi ^{d}*Marduk*(AMAR.UTU)
mu-te-er Eridu(ERIDU)^{ki} *a-na aš-ri-šu* (*Eridu* = Stadt „Eridu")

i-nu-ma ^{d}*Marduk*(AMAR.UTU) ... *ú-wa-e-ra-an-ni* (KḪ Prolog)

i-na-ad-di-in ; *id-di-in* ; *it-ta-di-in*
i-di-in (= *idin*) ; *i-di-iš-šum* (< **idin-šum*)
ú-ul ad-di-iš-šu a-na qé-bé-ri-im (Gilgamesch VA+BM II:6´)
eqel(A.ŠÀ)*-šu ù kirâ*(KIRI$_{6}$)*-šu a-na ša-ni-im id-di-nu-ma* ...
eqlētim(A.ŠÀ.MEŠ) *id-na-šu-nu-ši-im*
a-wa-a-at mi-ša-ri-im ša i-na narî(NA.RU)*-ia aš-ṭú-ru li-ṣur* (= Verb *naṣārum*; KḪ Epilog)

šu-ut-tam iṭ-ṭú-ul

Lektüre (11)

KḪ § 14

šum-ma a-wi-lum mār(DUMU) *a-wi-lim ṣe-eḫ-ra-am iš-ta-ri-iq id-da-ak*

- *mār ... ṣeḫram* (Akk.); Konstruktusverbindung mit adjektivischem Attribut (mit Bezug auf das *Nomen regens*).

KḪ § 18

šum-ma wardum(ÌR) *šu-ú be-el-šu la iz-za-kar a-na ekallim*(É.GAL) *i-re-ed-de-šu wa-ar-ka-sú ip-pa-ra-ás-ma a-na be-lí-šu ú-ta-ar-ru-šu*

- Fortsetzung von § 17. Es geht um einen entflohenen Sklaven, der aufgegriffen wird.
- *izzakar*: G-Perfekt (< **iztakar*; → 4.3.3.3).

KḪ § 21

šum-ma a-wi-lum bi-tam ip-lu-uš i-na pa-ni pí-il-ši-im šu-a-ti i-du-uk-ku-šu-ma i-ḫa-al-la-lu-šu

- *ipluš*: *palāšum* „bohren, ein Loch reißen, (Mauerwerk) durchbrechen" [hebr. *pls*! Pi. „einen Weg bahnen"].
- *pilšim*: *pilšum* „Loch, Durchbruch-Stelle (des Mauerwerks)".
- *šuāti*: anaphorischer Gebrauch des Personalpronomens der 3. Person (→ 4.1).
- *idukkūšū-ma*: *dâkum*, G Präs. 3.m.pl. („sie = man").
- *iḫallalūšu*: *ḫalālum* „hängen, aufhängen".

KḪ § 27 (Ausschnitt: Protasis + Apodosis)

šum-ma i[t]-tu-ra-am-ma āl(URU)*-šu ik-ta-áš-dam eqel*(A.ŠÀ)*-šu ù kirâ*(KIRI$_6$)*-šu ú-ta-ar-ru-šum-ma ...*

- *ittūram-ma*: *târum*, Perf. mit Ventiv, plus verknüpfendes *-ma*.

KḪ § 153

šum-ma aš-ša-at a-wi-lim aš-šum zi-ka-ri-im ša-ni-im mu-sà uš-di-ik sinništum(MUNUS) *šu-a-ti i-na ga-ši-ši-im i-ša-ak-ka-nu-ši*

- *mu-sà*: *mutum*.
- *gašīšum* „Pfahl" (zum Pfählen von Menschen).

KḪ § 245

šum-ma a-wi-lum alpam(GUD) *i-gur-ma i-na me-gu-tim ù lu i-na ma-ḫa-ṣí-im uš-ta-mi-it alpam*(GUD) *ki-ma alpim*(GUD) *a-na be-el alpim*(GUD) *i-ri-a-ab*

- *mēgûtum*: „Achtlosigkeit, Fahrlässigkeit, Faulheit" (Verb *egûm*).

KḪ § 279 (Protasis)

šum-ma a-wi-lum wardam(ÌR) *amtam*(GEMÉ) *i-ša-am-ma ba-aq-ri ir-ta-ši*

- *wardam amtam*: „einen Sklaven (oder) eine Sklavin".
- *baqrum*: „Klage (um Herausgabe von Eigentum vor Gericht)", d. h. eine andere Person erhebt Besitzansprüche (auf den Sklaven / die Sklavin).

KḪ, Epilog, Kol. 47

^{1}*di-na-a-at* ^{2}*mi-ša-ri-im* ^{3}*ša Ḫa-am-mu-ra-pí* ^{4}*šar-ru-um le-ú-um* ^{5}*ú-ki-in-nu-ma ...*

- *wardam amtam*: „einen Sklaven (oder) eine Sklavin".
- *lēʔûm*: „mächtig, gewaltig".
- *ukinn-ū-ma* : *ukīn* + Subord. + -ma.

Klage „Ištar Bagdad", Z. 51

[*re-qé-et*] *ma-di-iš a-ni-ši a-la-a*[*k*]*-ti* [*ì-l*]*í*

- *annišī* = *an(a) nišī.*
- Die Zeile könnte metrisch wie folgt zu skandieren sein (Näheres dazu unter „Lektüre (12)", Gilgamesch-Epos; die zu betonenden Silben sind unterstrichen): *rēqet mādiš annišī* $alakt^{i}$ *ilī.*

Klage „Ištar Bagdad", Z. 65-66

ta-at-ta-[*a*]*d-ni* $še_{20}$(ŠI)*-ṭù-ti a-na ka-la-ma*

ki-ma ḫa-a[*r-bi*]*-im e-bi-im a-wi-ra-am la i-šu*

- *tattadnī*: < * *tattadinī* (2. f. sg.; Verb *nadānum*).
- *šēṭūtum* „Missachtung"; *kalûm*; *ḫarbum* „Wüste, Einöde" [hebr. *ḥrb* „wüst / verwüstet sein; in Ruinen liegen"]; *ebbum* „rein", hier etwa „völlig, total"; *āwiram* = *āmiram* (*amārum*, Part.); *lā īšu* „ich habe nicht" (doppelt schwaches Verb *išûm*, Prät. mit stativ. Bedeutung [→13.4]).

Etana-Epos (aB), Z. 1-2

^{1}*ra-bu-tum* ^{d}*A-nun-na ša-i-mu ši-im-tim*

^{2}*uš-bu im-li-ku mi-li-ik-ša ma-a-ta-am*

- *rabûtum*: das adjektivische Attribut geht hier dem Bezugswort voran (in der Poesie möglich!). — ^{d}*Anunna*: die (Gruppe der) Annuna-Gottheiten.
- *ušbū*: „sie saßen da / setzten sich" (*wašābum*, Prät.).
- *imlikū*: *malākum (i/i)* „Rat halten, diskutieren" [vs. hebr. *mlk* „König sein"].
- *milkum*: „Rat, Beratung"; *mātam*: „in Bezug auf das Land" (Akk. der Beziehung).

Lektion 12

Verben primae infirmae (I w, ˀ, j)

12.1 Verben I w

Bei den Verben mit *w* als erstem Radikal (I *w*) ist zu unterscheiden zwischen fientischen Verben und Zustandsverben. Die beiden Gruppen weisen im Grundstamm unterschiedliche Paradigmen auf.

12.1.1 Die fientischen Verben I w

Die Mehrzahl der Verben I *w* sind fientisch. Diese Verben, wie etwa *wabālum* „bringen" oder *wašābum* „sitzen, wohnen", bilden den Imperativ und nominale Ableitungen ohne ersten Radikal, z.B.:

Imperativ:	*bil, šib* (vgl. hebr. *šēb* „setz dich!").
Substantive:	*biltum* „Abgabe"
	šubtum „Wohnsitz".

Die Themavokale sind im G-Stamm *a/i* (Präs. *ubbal*, Prät. *ūbil*). Der erste Radikal *w* bewirkt im Präsens und Präteritum die Ablautung der Präformativvokale (*i* und *a*) zu *u*. Vor vokalischen Endungen wird im Präteritum der Themavokal *i* in der Regel elidiert:

Präsens	*ubbal*
Präteritum	*ūbil ; ublū, ublam* (selten: *ūbilū, ūbilam*)

Der Prekativ wird analog zum G-Stamm des starken Verbums vokalisiert:

3. c. Sg.	*lībil*
1. c. Sg.	*lūbil*
3. m. Pl.	*liblū*

Im Perfekt G und in den Gt- bzw. Gtn-Formen wird der erste Radikal an das *t* des Infixes assimiliert (z.B. Perf. G *ittabal* < **iwtabal*).

Im D-Stamm sind — abgesehen vom Perf. — alle Formen stark, d.h. mit konsonantischem *w* gebildet, z.B. Präs. *uwaššar*, Prät. *uwaššer*. Das Perf. lautet *ūtaššer* < **uwtaššir* (für *i* > *e* siehe → 4.3.4.2).

Im Š-Stamm wird in den Formen ohne Präfix **šuw-* zu *šū-* (z.B. Infinitiv *šūbulum*). Die Formen mit Präfixen werden teilweise analog zu den Verben I ˀ gebildet (z.B. *ušabbal* / *ušābil*), teilweise analog zu den Verben I *j* (z.B. *ušeššeb* / *ušēšib*).

Im N-Stamm wird das Stammmorphem *n* an den ersten Radikal *w* assimiliert, z.B. Präsens *iwwallad* < **inwallad*.

Das Paradigma (fientische Verben I *w*)

Paradigmenverben: *wabālum* „tragen, bringen"; *wašābum* „sitzen, wohnen"; *wuššurum* D „loslassen, entsenden"; *walādum* „gebären, erzeugen".

	G	Gt	Gtn
Präsens	*ubbal*	*ittabbal*	*ittanabbal*
Präteritum	*ūbil* Pl. *ublū*	*itbal*	*ittabbal*
Perfekt	*ittabal* (auch: *itbal*)	**ittatbal*	**ittatabbal*
Imperativ	*bil*	*tabal* (!)	*itabbal*
Stativ	*wašib*	—	—
Verbaladj.	—	—	—
Infinitiv	*wabālum*	**itbulum*	*itabbulum*
Partizip	*wābilum*	**muttablum*	*muttabbilum*

	D	Š wie I ˀ / wie I *j*	N
Präsens	*uwaššar*	*ušabbal* / *ušeššeb*	*iwwallad*
Präteritum	*uwaššer* *ušūbil* (nur i. d. Poesie)	*ušābil* / *ušēšib*	*iwwalid*
Perfekt	*ūtaššer*	*uštābil* / *uštēšib*	
Imperativ	*wuššer*	*šūbil* / *šūšib*	

Stativ	*wuššur*	*šūbul / šūšub*
Verbaladj.	*wuššurum*	*šūbulum / šūšubum*
Infinitiv	*wuššurum*	*šūbulum / šūšubum*
Partizip	*muwašširum*	*mušābilum / mušēšibum*

12.1.2 *Die Zustandsverben I w*

Zustandsverben I *w* wie etwa *waqārum* „kostbar, selten sein" oder *wasāmum* „angemessen/passend sein" werden im G-Stamm ähnlich wie die Verben I *j* (z.B. *enēqum* „saugen") konjugiert mit vorherrschendem *i*/*e*-Vokalismus (→ 12.5). Die Eckformen lauten:

		I **w** (Zustandsverben)			I *j*
Präsens					
	3. c. Sg.	*iqqer* (*i* > *e* [→ 4.3.4.2])	*issim*	vgl.	*inniq*
	2.m.	*teqqer*	*tessim*		
	1.c.	*eqqer*	*essim*		
Präteritum		*īqer*	*īsim*	vgl.	*īniq*
Perfekt		*ītaqer*	*ītasim*	vs.	*īteniq*
Stativ		*waqar*	*wasim*	vs.	*ēniq*

In den abgeleiteten Stämmen haben sie die gleichen Formen wie die fientischen Verben I *w* (z.B. Präs. D *uwaqqar*).

12.1.3 *Abfall von wortanlautendem w*

Anlautendes *w* — in verbalen wie auch nicht-verbalen Formen — fällt sporadisch bereits altbabylonisch, regelmäßig aber nach-altbabylonisch ab. Im Wörterbuch AHw. stehen entsprechende Lexeme unter der altbabylonischen Form mit anlautendem *w* (z.B. *warādum* „hinuntersteigen" oder *wardum* „Diener, Sklave" [konkret wird das anlautende *w* und die auslautende Mimation in runden Klammern zitiert, d.h. (*w*)*arādu*(*m*)]), im CAD dagegen unter der jungbabylonischen Form ohne *w* (z.B. *arādu, ardu*).

AHw.:	(*w*)*arādu*(*m*),	(*w*)*ardu*(*m*)	unter „W"
CAD:	*arādu*,	*ardu*	unter „A"

12.2 Verben I ˀ ohne „Umlaut" (a-Gruppe)

12.2.1 Vorbemerkungen

Die Verben I ˀ (*primae Aleph*, im weiteren Sinn) weisen die Besonderheit auf, dass das Aleph oft schwindet bzw. verändert wird. Hinsichtlich der Formenbildung ist zu unterscheiden zwischen

- Verben mit ˀ1, d. h. etymologischem ˀ (= Gruppe I) und
- Verben mit ˀ3-5 d. h. etymologischem *ḥ*, ˁ, *ġ* (= Gruppe II).

Die Verben mit ˀ2 (etymologischem *h*) gehören formal mehrheitlich zur Gruppe I, einige jedoch zur Gruppe II (z.B. *edēpum* „anblasen" und *ewûm* „werden zu" [entsprechend hebr. *hyy* „sein"]).

Bei der Gruppe I bleiben die ursprünglichen *a*-Vokale als solche erhalten; sie wird deshalb auch als *a*-Gruppe bezeichnet. Bei der Gruppe II, der sogenannten *e*-Gruppe, werden ursprüngliche *a*-Vokale dagegen zu *e* abgelautet.

Nachfolgend wird die Formenbildung der *a*-Gruppe (= Gruppe I) behandelt. Die *e*-Gruppe wird unter → 12.4 erörtert.

12.2.2 Bemerkungen zur Formenbildung

- Anlautendes ˀ wird nicht geschrieben (**ˀakālum* > *akālum*). Man beachte jedoch die spezifischen „Plene"-Schreibungen für G Präsens und D Präsens/Präteritum des Typs *i-ik-ka-al* (G Präs.) bzw. *ú-up-pí-iš* (D Prät.).
- Die Imperative G und Gt haben *a* (und nicht *u* oder *i*) im Anlaut: *akul* „iss!" (gegenüber *purus*); *atkaš* „geh fort!" (gegenüber *pitras*); desgleichen die nominalen Formen des Gt-Stamms, z.B. *atḫuzum* (gegenüber *pitrusum*).
- Intervokalisches Aleph schwindet im G Präsens und im D Präsens/Präteritum; die Vokale werden so kontrahiert, dass der Präfixvokal erhalten bleibt: **iˀakkal* > *ikkal* „er isst"; **uˀarrak* > *urrak* „er verlängert".
- In der Regel wird *V*ˀ (Kurzvokal + silbenschließendes Aleph) zu Langvokal (*ā*, *ī*, *ū*), d.h. das Aleph „quiesziert" unter Ersatzdehnung des vorausgehenden Vokals: **iˀkul* > *īkul* „er aß"; **uˀtaḫḫaz* > *ūtaḫḫaz* „er hat (mit Metall) eingefasst".

- Das Präsens des Š-Stammes lautet _ušakkal_ (und nicht etwa *_ušākal_). Es geht wahrscheinlich auf *_ušaˀakkal_ und nicht auf *_ušaˀkal_ zurück (der mittlere Radikal war in der Grundform verdoppelt; vgl. etwa _ušabbal_ [_wabālum_ Š Präs.; → 11.2.1]).
- Im N-Stamm wird *_nˀ_ meistens zu _nn_: *_inˀaḫḫaz_ > _innaḫḫaz_ (regressive Assimilation). In mehreren Formen ist ˀ durch _n_ ersetzt, z.B. _naˀḫuz_ > _nanḫuz_, *_ittaˀḫaz_ > _ittanḫaz_ (es handelt sich wahrscheinlich um Analogiebildungen zu Verben I _n_).

12.2.3 Das Paradigma der Verben I ˀ ohne Umlaut

(Paradigmenverben: _akālum_ „essen"; _aḫāzum_ „nehmen, fassen")

	G	Gt	Gtn	D	Dt	Dtn
Präsens	_ikkal_ _(i-ik-ka-al)_	_ītakkal_	_ītanakkal_	_uḫḫaz_	_ūtaḫḫaz_	_ūtanaḫḫaz_
Prät.	_īkul_ _(i-ku-ul)_	_ītakal_	_ītakkal_	_uḫḫiz_	_ūtaḫḫiz_	_ūtaḫḫiz_
Perfekt	_ītakal_	_ītatkal_	_ītatakkal_	_ūtaḫḫiz_	_ūtataḫḫiz_	_ūtataḫḫiz_
Imperativ	_akul_	_atkal_	_atakkal_	_uḫḫiz_	_utaḫḫiz_	_utaḫḫiz_
Stativ	_akil_	_atkul_	_atakkul_	_uḫḫuz_	—	_utaḫḫuz_
Verbaladj.	_aklum_	_atkulum_	_atakkulum_	_uḫḫuzum_	—	—
Infinitiv	_akālum_	_atkulum_	_atakkulum_	_uḫḫuzum_	_utaḫḫuzum_	_utaḫḫuzum_
Partizip	_ākilum_	_mūtaklum_	_mūtakkilum_	_muḫḫizum_	_mūtaḫḫizum_	_mūtaḫḫizum_

	Š	Št	Štn	N	Ntn
Präsens	_ušakkal_	_uštakkal_	_uštanakkal_	_innaḫḫaz_	_ittanaḫḫaz_
Prät.	_ušākil_	_uštākil_	_uštakkil_	_innaḫḫiz_	_ittaḫḫaz_
Perfekt	_uštākil_	_uštatākil_	_uštatakkil_	_ittanḫaz_	—
Imperativ	_šūkil_	_šutākil_	_šutakkil_	_nanḫiz_	—
Stativ	_šūkul_	_šutākul_	_šutakkul_	_nanḫuz_	—
Verbaladj.	_šūkulum_	_šutākulum_	_šutakkulum_	_nanḫuzum_	—
Infinitiv	_šūkulum_	_šutākulum_	_šutakkulum_	_nanḫuzum_	—
Partizip	_mušākilum_	_muštākilum_	_muštakkilum_	_munnaḫzum_	—

12.3 *Das Verb* alākum *„gehen“*

Das Verb *alākum* „gehen“ (< **halākum* [~ hebr. *hlk*]) gehört formal zur Gruppe der Verben I ˀ ohne Umlaut, weist aber zwei Besonderheiten auf: 1. Die Themavokale sind ablautend *a/i*; 2. Das ˀ (< **h*) am Silbenschluss wird im G-, Gt- und Gtn-Stamm an den folgenden Konsonanten assimiliert, z.B. G Prät. *illik* < **ihlik*.

G	Präs.	*illak*		vgl.	*ikkal*
	Prät.	*illik*	< **ihlik*	vs.	*īkul*
	Perf.	*ittalak*	< **ihtalak*	vs.	*ītakal*
	Imp.	*alik*			
Gt	Präs.	*ittallak*	< **ihtallak*	vs.	*ītakkal*
	Prät.	*ittalak*			
	Perf.	*itatlak*			
	Imp.	*atlak*			
Gtn	Präs.	*ittanallak*	< **ihtanallak*	vgl.	*ītanakkal*
	Prät.	*ittallak*			
	Perf.	*ittatallak*			
	Part.	*muttallikum*	< **muhtanlikum*		

Der Š-Stamm wird analog zur Gruppe I-ˀ gebildet: Prät. *ušālik*, Inf. *šūlukum*.

12.4 *Die Verben I* ˀ *mit Umlaut* (e-*Gruppe)*

Die Formen werden analog zu denen der Gruppe I gebildet. Dabei werden aber (gemäß → 4.3.4.1) regelmäßig *a/ā* zu *e/ē* umgelautet. Diese Änderung tritt in allen ursprünglich *a*-haltigen Silben der Wortform ein, also nicht nur in denen, wo ursprünglich ein ˀ3-5 stand (vgl. → 4.3.4.1). Beispiele:

erēbum	< **ˁarābum*	„eintreten“	(Inf.)
ītepeš	< **iḥtapaś*	„er/sie hat gemacht“	(Perf.)

Paradigma der Verben I ˀ mit „Umlaut“:
(Paradigmenverben: *epēšum* (*e* [~ *a*] / *u*)„machen“; *erēbum* (*u*/*u*) „eintreten“)

	G	Gt	D	Š	N
Präsens	*ippeš* *irrub*	*īterrub*	*uppaš*	*ušeppeš*	*inneppeš*
Prät.	*īpuš*	*īterub*	*uppiš*	*ušēpiš*	*innepiš*
Perfekt	*ītepeš*	**ītetrub*	*ūteppiš*	*uštēpiš*	**ittenpeš*
Imperativ	*epuš*	*etrub*	*uppiš*	*šūpiš*	—
Stativ	*epiš*	**etrub*	*uppuš*	*šūpuš*	—
Verbaladj.	*epšum*	—	*uppušum*	*šūpušum*	—
Infinitiv	*epēšum*	**etrubum*	*uppušum*	*šūpušum*	**nenpušum*
Partizip	*ēpišum*	—	*muppišum*	*mušēpišum*	*munnepšum*

Flexion der „Tempora“ im G-Stamm (am Beispiel von *erēbum* (*u*/*u*) „eintreten“)

	Präs.	**Prät.**	**Perf.**	vgl. (*a*-Klasse, Prät.)
3. c. Sg.	*irrub*	*īrub*	*īterub*	*īkul*
2. m.	*terrub*	*tērub*	*tēterub*	*tākul*
2. f.	*terrubī*	*tērubī*	*tēterbī*	*tākulī*
1. c.	*errub*	*ērub*	*ēterub*	*ākul*
3. m. Pl.	*irrubū*	*īrubū*	*īterbū*	*īkulū*
3. f.	*irrubā*	*īrubā*	*īterbā*	*īkulā*
2. c.	*terrubā*	*tērubā*	*tēterbā*	*tākulā*
1. c.	*nirrub*	*nīrub*	*nīterub*	*nīkul*

12.5 Verben I j

Verben I *j* sind selten. Sie fallen in ihrer Flexion weithin mit den eben (→ 12.4) vorgestellten Verben I ˀ mit Umlaut (*e*-Gruppe) zusammen und können von diesen oft nur aufgrund der semitischen Etymologie differenziert werden. Im Grundstamm stimmen die Formen ferner mit denen der Zustandsverben I *w* überein (→ 12.1.2).

Im Folgenden werden die Eckformen des Paradigmas am Beispiel der Verben *enēqum* und *ešērum* vorgestellt.

1. *enēqum* < **janāqum* „saugen" [hebr. *ynq*], Formen des G-Stamms:

G Präs.	*inniq, tenniq, enniq, inniqū*
G Prät.	*īniq*
G Perf.	*īteniq*
G Imp	*eniq*
G Stat.	*eniq*

2. *ešērum* „in Ordnung sein" [hebr. *yšr* „gerade sein"], Formen des Š-, Št- und N-Stamms:

Š Präs.	*ušeššer*	N Präs.	*inneššer*
Š Prät.	*ušēšer*	N Prät.	*innešer*
Š Perf.	*uštēšer*		
Št Inf.	*šutēšurum*		

Vokabular (12)

Substantive:

bāštum	Würde; gutes Wesen
erretum	Fluch [hebr. *ˀrr* „verfluchen"]
mišlum	Hälfte (Verb: *mašālum* „gleich sein") [vgl. hebr. *mšl* Nif. gleich sein"]).
simtum	Angemessenes, Korrektheit, Würde; gutes Wesen (von *wasāmum*)
šīmum	Kauf, Kaufpreis (Verb *šâmum/šaˀāmum*„kaufen")
tamkārum	Kaufmann [vgl. hebr. *mkr* „verkaufen"]

Verben I *w*:

wabālum (a/i) — tragen, bringen [hebr. *ybl* hif. „bringen"]

(Inf., Stat. und Verbaladj. werden aB vom Suppletivverb *babālum* „tragen" gebildet.)

walādum (a/i)	gebären, zeugen [hebr. *yld*]
warādum (a/i)	G hinab-, heruntersteigen; Š hinabschicken, herunter holen [hebr. *yrd*]
wašābum (a/i)	sitzen, wohnen [hebr. *yšb*]

watārum (i/i)	**G** übergroß sein/werden; **Š** übergroß, überragend machen [hebr. *ytr* hif. „im Überfluss haben"]
wuššurum	**D** loslassen, entsenden; **Dt** frei ausgehen

Verben I ˀ (ohne Umlaut):

aḫāzum (a/u)	**G** nehmen, fassen, ergreifen; heiraten; **Gt** einander anfassen; **Š** erfassen lassen = belehren [hebr. *ˀḥz*]
akālum (a/u)	**G** essen; **Š** ernähren, füttern [hebr. *ˀkl*]
alākum (a/i)	**G** gehen, fließen (Präs. *illak*, Prät. *illik*) *ana šimtim alākum* zum Schicksal gehen = sterben **Gt** weggehen; wandeln [hebr. *hlk*]
amārum (a/u)	sehen, schauen [vs. hebr. *ˀmr* „sagen, sprechen" !!]
apālum (a/u)	antworten; zurückzahlen, begleichen
arārum (a/u)	verfluchen [hebr. *ˀrr*]

Verben I ˀ (mit Umlaut):

ebēbum (i/i)	rein sein/werden
edēlum (i/i)	verschließen, (Tür) verriegeln
edēšum (i/i)	**G** neu sein/werden; **D** erneuern [hebr. *ḥdš*]
*epēšum (*a/u, u/u)*	machen, tun; ausführen
erēbum (u/u)	**G** eintreten; **Š** eintreten lassen, hineinbringen [hebr. *ˁrb* „Bürgschaft leisten" (eigtl. „eintreten für")]
erēšum₁ (i/i)	verlangen, fordern, wünschen [hebr. *ˀaræšæt* „Verlangen, Begehren"]
erēšum₂ (i/i)	(Feld) bestellen [hebr. *ḥrš*]
eṭērum (i/i)	wegnehmen, retten
ezēbum (i/i)	verlassen, hinterlassen [hebr. *ˁzb*]

Verben I *j*:

enēqum (i/i)	**G** saugen; **Š** säugen [hebr. *ynq*]
ešērum (i/i)	**G** in Ordnung sein, kommen; **Š** in Ordnung bringen; **Št₁** = passiv zu Š; **Št₂** in Ordnung halten [hebr. *yšr* „gerade sein"]

Partikeln:

mitḫāriš	zusammen, miteinander, zu gleichen Teilen (vgl. *maḫrum* und *maḫārum*)
warka	1. Adverb: danach, hinten; 2. Subj.: nachdem vgl. die Präp. *warki* „hinter, nach" [vgl. hebr. *yārēk* „Gesäß"]

Übungen (12)

ú-wa-aš-ša-ar
amas(GEMÉ)*-sú ša mārī*(DUMU.MEŠ) *ul-du-šum*
šum-ma mārī(DUMU.MEŠ) *la ú-li-id*
it-ta-la-ad
šu-pu-ur A-nam li-še-ri-du-[nim-m]a (Atramḫasis-Epos, I. Tafel, I 97)
iš-pu-ur A-nam ú-še-ri-[du-ni-i]š-šu (Atramḫasis-Epos, I. Tafel, I 99)
wa-ši-ib A-nu šar-ri [ša-]me-e (Atramḫasis-Epos, I. Tafel, I 101)
Anu (ohne Mimation); *šarri* = St.cs. (Variante zur Normalform *šar*).

ub-lam ; *ub-ba-lu*
uš-ša-ab

tamkārum(DAM.GÀR) *i-ip-pa-al*
ib-ri a-ta-mar šu-ut-tam (Gilgamesch-Epos)
er-re-et ì-lí la i-dur-ma ...
^{d}*En-líl i-na pî*(KA)*-šu* ... *li-ru-ur-šu-ma* ... (KḪ Epilog)
i-ḫu-uz ; *i-iḫ-ḫa-az*
a-na bītī(É)*-šu i-il-la-ak*
... *a-na-ku a-na Sippar*(UD.KIB.NUN)^{ki} *a-al-la-kam* (Brief : AbB 12, 10: 12-13)
it-ta-al-la-ak (Gt-Stamm !)
e-ru-ú i-ku-ul i-ku-lu ma-ru-šu (Etana-Epos)
Zwei Sätze; chiastische Wortstellung; *erû* („Adler") ohne Mimation.

i-ir-ri-iš
i-pu-uš
i-te-ru-ub
ú-še-er-re-eb-ši
i-ru-ub-ma a-na libbi(ŠÀ) *Uruk*^{ki}
ú-ul e-r[u-ub]-ma ši-pi-[ir] mu-ši-im ú-ul e-pu-uš (Klage „Ištar Bagdad", Z. 85)
šipir mūšim: hier mit sexuellem Sinn.

ṭuppa(DUB-*pa*)*-šu a-mu-ur-ma* ... (*amur* = Imp.)
e-pi-iš le-mu-ut-ti ù an-zi-il-li (Etana-Epos; Sg. -Formen ohne Mimation)
anzillum „Abscheuliches".

a-wa-a-tim ši-na-ti (→ 4.1) *ep-ša*
eṭ-ri-in-ni (Imp. f.sg. mit Suffix)
i-ta-aḫ-zu-nim i-il-la-ku-nim (Atramḫasis, I. Tafel, Z. 68; → 5.3.5)
mu-ud-di-iš É. BABBAR (= Tempelname)
a-na šu-te-šu-ur ni-ši (KḪ Prolog)

dNusku e-di-il ba-ab-ka (*Nusku*: eine Gottheit)
dNusku i-di-il ba-ab-šu
a-na ... ú-si-im šu-ḫu-zi-im (KḪ Prolog)
ūsum „Überlieferung; überliefertes Recht und Gesetz"; → 5.7.2.

li-ik-la-šu ne-re-eb-ta-šu šà-du-ú (Etana-Epos)
liklāšu ~ *liklā-šum* (Dativ-Suffix ohne *-m* im Auslaut); *nērebtum*: „Eingang, Pass (Gebirge)" [vgl. hebr. *maʿarāb* „Sonnenuntergang"]; *šadû*: Subst. ohne Mimation (= Subjekt des Satzes).

Lektüre (12)

Partnerschaftsvertrag (*CT* 2, 28 = Schorr, *VAB* 5, Nr. 172, Z. 1-8)

PN_1 *u* PN_2 *tap-pu-tam i-pu-šu-ma a-na bīt*(É) *dŠamaš*(UTU) *i-ru-bu-ma ṭe₄-em-šu-nu i-pu-šu-ma kaspam*(KÙ.BABBAR) ... *mi-it-ḫa-ri-iš i-zu-zu.*

- *tappûtum* „Partnerschaft"; *bītum*, hier „Tempel"; *ṭēmum*, hier etwa „Plan, Vorhaben".

KḪ § 247

šum-ma a-wi-lum alpam(GUD) *i-gur-ma īn*(IGI)*-šu úḫ-tap-*<*pi*>*-id*
kaspam/kasap (KÙ.BABBAR) *mi-ši-il šīmīšu*(ŠÁM-šu) *a-na be-el alpim*(GUD) *i-na-ad-di-in*

- *uḫtappid*: *ḫuppudum* „(das Augenlicht) „auslöschen / zerstören, blenden". Der Schreiber hat versehentlich ein Schriftzeichen (PI) ausgelassen.
- KÙ.BABBAR kann hier syntaktisch im Sinne von *kaspam* (St. rect.) oder *kasap* (St. cs.) gedeutet werden.

KḪ § 167

šum-ma a-wi-lum aš-ša-tam i-ḫu-uz-ma mārī(DUMU.MEŠ) *ú-li-súm*
sinništum(MUNUS) *ši-i a-na ši-im-tim it-ta-la-ak*
wa-ar-ki-ša sinništam(MUNUS) *ša-ni-tam i-ta-ḫa-az-ma mārī*(DUMU.MEŠ) *it-ta-la-ad*
wa-ar-ka a-bu-um a-na ši-im-tim it-ta-al-ku
mārū(DUMU.MEŠ) *a-na um-ma-tim ú-ul i-zu-uz-zu*
še-ri-ik-ti um-ma-ti-šu-nu i-le-qú-ma
makkūr(NÍG.GA) *bīt*(É) *abim*(A.BA) *mi-it-ḫa-ri-iš i-zu-uz-zu*

- Das Satzgefüge beginnt mit einem komplexen *šumma*-Satz, der bis *ittalad* (3. Zeile) reicht. Es folgen zwei in sich mit *-ma* zusammengesetzte Hauptsätze (Apodosen), die jeweils mit *izuzzū* abgeschlossen werden (Zeile 4-5; Zeile 6-7).

- *ūlissum*: < *ūlid* (*walādum* Prät. 3.f.!sg.) + -*šum* (dativisches Objektsuffix [→ 6.5], ohne Ventivmorphem vor dem Suffix).
- *ittalak*, *ittaḫaz-ma*, *ittalad*: Perferktformen (von *alākum*, *aḫāzum*, *walādum*, 3.f.sg. bzw. 3.m.sg.); jeweils *consecutio temporum* (→ 6.2.2).
- *warka abum* ... *ittalku*: „nachdem der Vater ... gegangen ist" (mit Subordinativ).
- *ana ummātim*: *ummum* (Pl.); *ana* hier etwa „gemäß (den Vermögensverhältnissen)".
- *izuzzū*, vgl. → 11.1.2.
- *šeriktum*: Geschenk; Mitgift, Aussteuer (Verb *šarākum*); St. cs. (→ 3.1.1:3).
- *makkūrum*: Besitz, Vermögen (Verb *makārum*).

KḪ § 138 (Protasis)

šum-ma a-wi-lum ḫi-ir-ta-šu ša mārī(DUMU.MEŠ) *la ul-du-šum i-iz-zi-ib* ...

- *ḫīrtum*: „(auserwählte, gleichrangige) Gattin" (*ḫiārum* „wählen").
- *izzib*: „(wenn er sie) verlassen = sich (von ihr) scheiden lassen möchte".

KḪ § 229

šum-ma itinnum(ŠITIM) *a-na a-wi-lim bītam*(É) *i-pu-uš-ma ši-pí-ir-šu la ú-dan-ni-in-ma*
bīt(É) *i-pu-šu im-qú*(!)*-ut-ma be-el bītim*(É) *uš-ta-mi-it itinnum*(ŠITIM) *šu-ú id-da-ak*

- *bīt īpušu*: asyndetischer Relativsatz (→ 7.7.2).

Kraus, AbB 5 225 (aB Brief), Z. 9-11

9 *a-na Bābilim*(KÁ.DINGIR.RA)^{ki} 10 *al-lik-kam-ma* 11 *ú-ul a-mu-ur-ki*

Atramḫasis, I. Tafel, I 166-169

iš-[*me*] *a-wa-tam šu-a-ti*
^{d}*En-líl* [*i-il-l*]*a-ka di-ma-šu*
^{d}*En-líl i*[*t-ta-ṣ*]*a-ar a-wa-as-su*
iz-za-k[*àr a-na q*]*ú-ra-di A-nim*

- *illakā*: Präsens (im Umstandssatz [→ 5.3.5]).
- *dimā-šu*: Dual zu *dimtum* „Träne": „seinen (beiden) Tränen(flüsse)" [hebr. *dm*ˤ „weinen"].
- *izzak(k)ar*: *zakārum* G Perf. (*izzakar* < **iztakar*) oder Gt Präs. (*izzakkar* < **iztakkar*).
- *qurādum*: „Held, Krieger" (St. rect. ohne Mimation).
- *Anim*: Der Gott „Anum" wird in der Regel ohne Gottesdeterminativ geschrieben (weil das Determinativ „dingir" mit dem Logogramm AN [für Anum] identisch ist).

Gilgamesch-Epos (aB), Pennsylvania tablet (OB II), Z. 94 - 105 (Kol. III):

94 *ḫa-ri-im-tum pi-ša i-pu-ša-am-ma*
95 *is-sà-qar-am a-na* ^{d}EN.KI.DU$_{10}$
96 *a-ku-ul ak-lam* ^{d}EN.KI.DU$_{10}$ 97 *sí-ma-at ba-la-ṭi-im*
98 *šikaram*(KAŠ) *ši-ti ši-im-ti ma-ti*

99 *i-ku-ul ak-lam* ^{d}EN.KI.DU$_{10}$ 100 *a-di še*$_{20}$*-bé-e-šu*
101 *šikaram*(KAŠ) *iš-ti-a-am* 102 *7 as-sà-am-mi-im*
103 *it-tap-šar kab-ta-tum i-na-an-gu*
104 *i-li-iṣ libba*(ŠÀ)*-šu-ma* 105 *pa-nu-šu it-tam-ru*

Der gleiche **Text in Transkription** (normalisierter Umschrift):

94 *ḫarimtum pîša īpušamma*
95 *issaqqaram ana Enkidu*
96 *akul aklam Enkidu* 97 *simat balāṭim*
98 *šikaram šiti šimti māti*

99 *īkul aklam Enkidu* 100 *adi šebêšu*
101 *šikaram ištiam* 102 *sebe(t) assammim*
103 *ittapšar kabtatum inangu*
104 *īliṣ libbašuma* 105 *pānūšu ittamrū*

Kommentar: Die Grundeinheit eines poetisch geformten akkad. Textes ist die Verszeile, auch „Vers“ oder „Stichos“ genannt. Oft — aber nicht immer — fällt eine Textzeile mit einem Stichos zusammen. Häufig bilden zwei Stichoi (ein Bistichon bzw. eine Doppelzeile) eine nächstgrößere Einheit. Wahrscheinlich waren poetische Texte auch metrisch geformt, möglicherweise gemäß dem Prinzip der alternierend-akzentuierenden Metrik (jede zweite Silbe wird betont, besondere Pausalaussprache am Versende, z.B. *ḫarimtum pîša īpušamm*^{a} / .... 99 *īkul aklam Enkīdu* 100 *adi šibêš*^{u} [unterstrichen sind die betonten Silben = Hebungen]).

- *ḫarimtum*: „Prostituierte“ (Verb *ḫarāmum* „absondern“ [hebr. *ḥrm* Hif. „einem Bann weihen/unterwerfen, bannen“]).
- *epēšu* „machen“ in Verbindung mit *pûm* „Mund, Ausspruch“, meint entweder konkret „den Mund auftun“ oder „einen Ausspruch tun; zu sprechen beginnen“.
- *issaq(q)aram*: *saqārum* = *zakārum*, G Perf. (*issaqar* < **istaqar*) oder Gt Präs. (*issaqqar*) mit Ventiv.
- *simtum*: „was sich geziemt; das Zugehörige“ (Verb *wasāmum*). Man beachte den gewiss beabsichtigten Reim (zugleich Wortspiel): *simat balāṭim // šimti mātim*.

- *šikarum*: „Rauschgetränk, Bier" (hebr. *šēkār* „ein alkoholisches Getränk, Bier"; *škr* „betrunken, berauscht sein").
- *šiti*: Verb *šatûm (i/i)*.
- *īkul* (Z. 99): Verb *akālum*. Man beachte den Quasi-Stabreim: *īkul aklam Enkidu adi* ... (alle Wortformen beginnen „vokalisch").
- *šebêšu*, geschrieben: *še*$_{20}$(ŠI)-*bé-e-šu*: „(bis) zu seinem Satt-Sein".
- *ištiam*: *šatûm*, Prät. mit Ventiv.
- *sebe(t) assammim*: *assammum* „Trinkgefäß, (großer) Becher" (sumer. Lehnwort). Das Genus des Lexems ist nicht ganz sicher auszumachen. Sollte es feminin sein, wäre die Zahl als *sebē* zu lesen (sonst *sebet*; vgl. → 14.1.4).
- *ittapšar*: *pašārum* G „frei lassen, befreien; lösen, eine Deutung vornehmen"; N „sich lösen" [hebr. < aramäisch *pēšær* „Deutung" (selten)].
- *kabtatum*: poetische Nebenform zu *kabattum* „Leber, Bauch, Inneres".
- *inangu*: *nagûm (u/u)* „fröhlich singen"; Präs. mit Auflösung der Doppelkonsonanz durch *n* + Konsonant: *inaggu* > *inangu* (dieses Phänomen ist nach-aB häufig [→ 14.2]).
- *īliṣ libba-šu-ma*: *elēṣum (i/i)* „anschwellen (Herz / Leber vor Freude) ; jubeln, frohlocken" [hebr. *ˁlṣ* „sich freuen, frohlocken"]. Man beachte Voranstellung des Verbs vor dem Subjekt. In der Poesie ist diese westsemitisch anmutende Wortstellung möglich (→ 5.1.4). Auf diese Weise wird eine chiastische Stellung der Satzglieder im vorliegenden Stichos ermöglicht: *īliṣ libbašuma* | *pānūšu ittamrū* (A B | B´A´).
- *ittamrū*: *namārum* = *nawārum* (i/i) „hell sein, leuchten, strahlen" (Lautwandel *m* > *w* [vgl. → 14.2]); Perf. 3.m.pl. (Grundform **intamirū*).

Gilgamesch-Epos (aB), Pennsylvania tablet (OB II), Z. 108-111

[108] *ša-am-nam ip-ta-ša-aš-ma* [109] *a-wi-li-iš i-wi*
[110] *il-ba-aš li-ib-ša-am* [111] *ki-ma mu-ti i-ba-aš-ši*

- *pašāšum (a/u)*: „(Öl) auftragen, sich einölen, sich salben".
- *awīliš*: *awīlum* mit Terminativendung (→ 2.6.2).
- *ewûm*: „werden zu" [entsprechend hebr. *hyy* „sein"].
- *libšum*: „Kleidung" (Verb *labāšum*).
- *mutum*: „Mann; Held, Krieger" [hebr. *m*^{e}*tīm*].

Nanâ-Hymnus (früh-aB), Z. 9-12 (Transkription)

9 *[itt]allakū iduššа kinātum*
10 *[šu]lmum bāštum simtum*
11 *[mal]û ša šulmi u balāṭim*
12 *[al]kassa addār damiqtum ittum*

- *[itt]allakū*: *alāku* Gt „wandeln, (ständig) gehen"; *iduššа* (→ 2.6.1); *kinātum*: Plural von *kittum*.
- *bāštum*: etwa „Schamhaftigkeit; Würde" (Verb *bâšum* „sich schämen, zuschanden werden" [vgl. hebr. *bwš*]).
- *[mal]û ša šulmi*: für *malûm ša šulmim* (der Text bietet hier Formen ohne Mimation).
- *[al]kassa*: *alkatum* = *alaktum* „Wandel; Existenz" (Verb *alākum*); *addār*: = *ana dār*; *dārum* „Dauer, Ewigkeit" (endungsloser Status absolutus [→ 3.4]); *damiqtum ittum*: für *ittum damiqtum* (hier mit betonter Voranstellung des adjektivischen Attributs); *ittum* „Zeichen, Markierung" [hebr. ˀōt].
- Metrische Analyse: Der Hymnus ist sehr wahrscheinlich metrisch geformt. Unter Anwendung der Prinzipien der alternierenden Metrik (wie oben [vorletzter Text] beschrieben), könnte er wie folgt zu rezitieren sein:

ittallakū idušš^{a} *kināt*^{um}
šulmum bāštum simt^{um}
malû ša šulmi u balāṭ^{im}
alkass^{a} *addār damiqtum itt*^{um}.

Lektion 13

Verben mediae geminatae; vierradikalige Verben; šasûm; *doppelt schwache, unregelmäßige Verben* (izuzzum *u.a.)*

13.1 Verben mediae geminatae

Verben *mediae geminatae* (Radikal 2 = 3) wie etwa *danānum* (*i/i*)„stark, mächtig sein" werden im Akkadischen an sich regelmäßig („stark") flektiert, z.B. Präs. *idannin*, Prät. *idnin*. Allerdings hat der Stativ von Zustandsverben dieser Gruppe eine einsilbige Grundform:

Sg.	3. m.	*dān* (mit gelängtem Vokal!)
	3. f.	*dannat*
	2. m./f.	*dannāta/i*
	1. c.	*dannāku*
Pl.	3. m.	*dannū* (etc.)

Eine kleine Gruppe von Verben *mediae geminatae* weist einen unregelmäßig gebildeten N-Stamm (und analog Ntn-Stamm) auf, indem Infinitiv und Stativ mit verdoppeltem mittlerem Radikal gebildet werden und allgemein eine Verdoppelung des dritten Radikals vor vokalischen Endungen zu beobachten ist (Ausnahme: Infinitiv). Dazu gehören unter anderem *naḫallulum* (Verb *ḫalālum*) „kriechen" und *našallulum* (Verb *šalālum*) „wegkriechen, sich davonschleichen":

N-Stamm - Eckformen (von *našallulum*):

Präsens		*iššallal*	Stativ	*našallul*
	Pl.	*iššallallū*	Pl.	*našallullū*
Präteritum		*iššalil*	Infinitiv	*našallulum*
	Pl.	*iššalillū*		

Perfekt		*ittašlal*		
	Pl.	*ittašallū*	Partizip	*muššalillum*

13.2 *Vierradikalige Verben*

Nur wenige, zum Teil aber häufig gebrauchte Verben des Akkadischen sind vierradikalig. Sie verteilen sich auf zwei Hauptkategorien: die sogenannte *š*-Gruppe, bei der der erste Radikal immer *š* ist, und die (häufigere) N-Stamm-Gruppe.

13.2.1 Die vierradikalige š-Gruppe

Zur *š*-Gruppe zählen zwei Arten von Wurzeln:
- Wurzeln I *š*, bei denen 3. und 4. Radikal identisch sind (jeweils Liquiden bzw. Nasale: *l, r, m, n*);
- Wurzeln I *š* mit Aleph als 3. Radikal.

Die wichtigsten Verben dieser Gruppe sind:

šuqallulum	hängen
šuqammumum	ganz still sein, werden
šuḫarrurum	totenstill sein, werden
šuparrurum	ausbreiten
šupêlum (< šupa''ulum)	tauschen, vertauschen
šukênum (< šuka''unum)	sich niederwerfen (Proskynese)

Diese Verben werden ähnlich wie der D-Stamm dreiradikaliger Verben flektiert. Im Präsens wird zudem der letzte Radikal vor Auslautvokalen geminiert (wie bei Verben *mediae infirmae* [→ 11.1], z.B. 3.m.pl. *ušpellū*):

Präsens	*ušqammam*, Pl. *ušqam(m)ammū*	*ušpêl*, Pl. *ušpellū*
Präteritum	*ušqammim*	*ušpēl*, Pl. *ušpēlū*
Perfekt	**uštaqammim*	*uštepēl*, Pl. *uštepēlū*
Imperativ	*šuqammim*	
Stativ	*šuqammam*; *šaḫur* (und *šuḫarrur*), Pl. *šaḫurrū*	
Infinitiv	*šuqammumum*	
Partizip	*mušqammimum*	*muškē/īnum*

Man kann diese Formen alternativ als Formen des ŠD-Stamms (→ 9.3) von dreiradikaligen Wurzeln (überwiegend Wurzeln *mediae geminatae*, z.B. *qmm*) betrachten:

	š-Gruppe (4-rad.)		ŠD-Stamm (3-rad.)
Präsens:	*ušqammam*	entsprechend	*ušparras*
Präteritum:	*ušqammim*	entsprechend	*ušparris*
Partizip	*mušqammimum*	entsprechend	*mušparrisum*

13.2.2 *Die vierradikalige N-Stamm-Gruppe*

Diese Gruppe von vierradikaligen Verben zeichnet sich dadurch aus, dass der 2. Radikal der Wurzel *l* oder (seltener) *r* ist. Es handelt sich um Bewegungsverben im weiteren Sinn, meist mit ingressiver Nuance. Der N-Stamm bringt die Grundbedeutung des Verbs zum Ausdruck (es gibt keinen G-Stamm). Als Kausativ (zum N-Stamm) dient der Š-Stamm. Zu dieser Gruppe zählen unter anderem folgende Verben, von denen einige sehr häufig bezeugt sind:

nabalkutum	überschreiten
napalsuḫum	niederfallen
naparšudum	fliehen
nepelqûm	hinabgleiten
napalkûm	weit werden
naparkûm	aufhören, stoppen.

Paradigma (*nabalkutum*)

- (Man beachte die durchgehende Gemination des dritten Radikals in den Stämmen Ntn und Štn, hervorgehoben durch Unterstreichung.)

	N	Ntn	Š	Štn
Präsens	*ibbalakkat*	*ittanablakkat*	*ušbalakkat*	*uštanablakkat*
Prät.	*ibbalkit*	*ittabalakkat*	*ušbalkit*	*uštablakkit*
Perfekt	*ittabalkat*	*ittatablakkat*	*uštabalkit*	—
Imperativ	**nabalkit*	—	*šubalkit*	—
Stativ	*nabalkut*	—	*šubalkut*	—
Verbaladj.	*nabalkutum*	—	*šubalkutum*	—
Infinitiv	*nabalkutum*	*itablakkutum*	*šubalkutum*	*šutablakkutum*
Partizip	*mubbalkitum*	*muttablakkitum*	*mušbalkitum*	—

13.3 *Das Verb* šasûm

Das Verb *šasûm (i/i)* „schreien, rufen" bildet ein Präteritum der Form *issi* (< *išsi* [→ 4.3.3.3]), seltener *išsi* (nach-aB: *ilsi*). Der Imperativ wird aB meist unregelmäßig gebildet und lautet *tisi* (anstatt *šisi*).

Prät. *issi* Imp. *tisi*

13.4 *Doppelt schwache Verben*

Doppelt schwache Verben sind Verben mit zwei schwachen Radikalen. Ihre Formen sind deshalb zum Teil sehr verkürzt und richten sich nach den Paradigmen zweier schwacher Verbalklassen. Ein Beispiel mag dies verdeutlichen: Das Verb *e/idûm* „wissen" (< **jadāʔum*) bildet als Präteritum eine Form *īde* analog zur Klasse I *j* (*īniq*) einerseits und zur Klasse III *ē* (*išme*) andererseits.

Häufig belegte, doppelt schwache Verben sind:

elûm „aufsteigen" (I ʔ, III *i*) [hebr. *ʕly*]
- G Präs. *illi*, Prät. *īli*, Perf. *īteli*
- Gtn Prät. *ītelli*
- Š Präs. *ušelle*, Prät. *ušēli*, Perf. *uštēli.*

waṣûm „hinausgehen" (I *w* zugleich III *i*) [hebr. *yṣʔ*]
- G Präs. *uṣṣi*, Prät. *ūṣi*, Perf. *ittaṣi*
- Š Präs. *ušeṣṣi*, Prät. *ušēṣi*, Perf. *uštēṣi.*

warûm „führen" (I *w* zugleich III *u*) [vgl. hebr. $yry_{(2)}$ „(unter)weisen, lehren"]
- Prät. *ūru*, Š Präs. *ušarra*, Prät. *ušāri.*

edûm / *idûm* „wissen" (I *j* zugleich III *e*) [hebr. *ydʕ*]
- Dieses Verb und *išûm* (→ nächster Eintrag) haben nur ein Tempus, formal ein Präteritum, der Bedeutung nach ein Stativ; es wird auch „präfigierender Stativ" genannt:
  īde, tīde, īde, tīdeā usw.
- Das Partizip lautet unregelmäßig *mudûm.*

išûm „haben" (I *j* zugleich III *u*) [vgl. hebr. *yēš* „es gibt"]
- Prät. *īšu* (daneben auch *īši*).

leʾûm „können" (II ʾ zugleich III *e/i*)
- Präs. *ileʾʾi/ilê*, Prät. *ilʾe* bzw. *ilē*.

šeʾûm „suchen": bildet Formen wie *leʾûm*.

quʾʾûm „warten" (D-Stamm)
- D Präs. *uqaʾʾa/uqâ* (Pl. *uqaʾʾû*), Prät. *uqaʾʾi/uqî*.

13.5 *Das unregelmäßige Verb* izuzzum

Das Verb *izuzzum* „stehen" (nach-aB *uzuzzu*) hat nach traditioneller Lehrmeinung eine zweikonsonantige Wurzel **ziz*. Alternativ kann von einer Wurzel *zyz* [*mediae infirmae*] oder *nzz* [*primae Nun*]) ausgegangen werden. Man beachte die Verdoppelung des ersten *z* im Präs. (*izzaz*), Prät. (*izziz*) und unregelmäßig gebildeteten Partizip (*muzzazum*) im G-Stamm (es handelt sich wohl um Formen des Gt-Stamms; z.B. *muzzazum* < **muztazum*). Auch das zweite *z* wird vor vokalischen Endungen meist verdoppelt (z.B. Präs. *izzazzū*):

	Präsens	Prät.	Perfekt	Imperativ	Infinitiv	Partizip
G	*izzaz* Pl. *izzazzū*	*izziz*	*ittaziz*	*iziz* Pl. *izizzā*	*izuzzum*	*muzzazum*
Gt	*ittazzaz* Pl. *ittazazzū*	—	—	—		
Š	*ušzaz* Pl. *ušzazzū* (auch: *ušazzaz*)	*ušziz*	—	*šuziz* Pl. *šuzizzā*		

13.6 *Das unregelmäßige Verb* i/utūlum

itūlum, mit Variante *utūlum*, „liegen, schlafen (auch sexuell)" wird traditionell unter dieser Zitationsform als unregelmäßiges Verb behandelt:

Präs.	*ittâl*
Prät.	*ittīl*
Perf.	*ittatīl*
Inf.	*itūlum* bzw. (mit Vokalangleichung) *utūlum*

Es handelt sich *de facto* einfach um Formen des Gt-Stamms des Verbs *niālum* / *nâlum* „sich niederlegen" (G Präs. *inâl* / *inêl*, Prät. *inīl/inăl*).

Lernvokabular (13)

Nomina:

abullum	Stadttor (fem. Genus)
muškēnum	eine soziale Schicht / Klasse: „Armer“ (zwischen *awīlum* [freier Bürger] und *wardum* [Sklave])
nērtum	Mord, Tötung (von *nêrum*)
sūqum	Straße, Gasse [hebr. *šūq*; ar. *sūq*]
šammum	Pflanze
tuqumtum	Kampf, Krieg, Schlacht
ṭīdum, ṭidd/ṭṭum	Lehm, Ton [hebr. *ṭīṭ*]

Verben III *infirmae*:

edûm (e/e)	(auch: *idûm*) wissen, Prät. *īde* „er weiß / kennt“ [hebr. *ydʿ*]
elûm (i/i)	auf-, emporsteigen; **Gt** + *ina*: einer Sache verlustig gehen; **D** erhöhen; **Š** hochsteigen lassen, hinaufbringen [hebr. *ʿly*]
enûm (i/i)	umwenden, ändern [vgl. hebr. *ʿny* „antworten“]
išûm (u)	haben (nur Prät. *īšu*)
leʾûm (e/e bzw. *i/i)*	können, vermögen
nadûm (i/i)	werfen; hinlegen, niederlegen [vgl. hebr. *ydy*$_2$]
našûm (i/i)	hochheben, tragen, nehmen [hebr. *nśʾ*]
šaqûm (i/i)	zu trinken geben, tränken [hebr. *šqy* Hif.]
šasûm (i/i)	schreien, rufen, laut lesen (Prät. *issi*, *išsi*; Imp. *tisi*)
šatûm (i/i)	trinken [hebr. *šty*]
wapûm (i/i)	**G** sichtbar sein/werden; **Š** deutlich machen, verherrlichen [vgl. hebr. *ypy* „schön sein“, Piel „schmücken“]
waṣûm (i/i)	**G** hinausgehen; **Š** hinausgehen lassen, vertreiben [hebr. *yṣʾ*]

andere Verben:

balālum (a/u)	**G** vermischen, vermengen; **Dt** vermischt werden (nach anderer Auffassung: beschmiert werden) [hebr. *bll*]
itūlum, utūlum	liegen, schlafen; sexuell verkehren (vgl. das Verb *niālum*; → 13.6)
izuzzum, uzuzzum	**G** stehen, sich hinstellen, hintreten ; **Š** hinstellen, etablieren
kânum (ū)	**G** dauerhaft, wahr sein/werden; **D** dauerhaft machen [hebr. *kwn* „fest sein“]

nabalkutum	G überschreiten, rebellieren, eine Rebellion machen; Š zur Rebellion veranlassen
napalsuḫum	niederfallen
naparkûm (u)	aufhören, Arbeit niederlegen
niālum (a/i) / nâlum (a/a)	sich niederlegen (vgl. *i/utūlum*) [vgl. hebr. *lyn* „übernachten“ (via Metathese)]

Übungen (13)

šum-ma am-ta-qú-ut šu-mi lu uš-zi-iz (→ 7.2) (Gilgamesch)
li-zi-iz i-n[a m]u-ut-ti-ki i-lu a-bi-ia (Klage „Ištar Bagdad“, Z. 13)
muttum: „Vorderseite“; *ina mutti-* „vor“.
ilu abīja: *ilu* hier Sing. St. cs. (zu *ilum* „Gott“) mit Kasusendung.

i-na še-ti-ka a-a [ú-ṣi] e-ru-ú (Etana-Epos)
ina: hier „(heraus) aus“; *šētum* „(Jagd-)Netz“; *a-a* = *aj* (→ 7.3.1).
erûm „Adler“ (hier ohne Mimation).

mu-še-ṣí nu-ri-im a-na ma-at Šu-me-rí-im ù Ak-ka-di-im
šum-ma ne-er-tam e-li-šu id-di-ma la uk-ti-in-šu
šum-ma da-a-a-nu-um di-in-šu i-te-ni
i-te-el-li
i-li-ma ᵈ*Gilgameš*(GIŠ) *a-na ṣe-er šadîm*(KUR)
a-na wa-ṣe-em
ālam(URU) *ú-še-eṣ-ṣú-ú-šu*
mi-ša-ra-am i-na ma-tim a-na šu-pí-im
a-ra-an di-nim it-ta-na-aš-ši
i-na šu-ut-ti-ia ᵈ*Bēlet-bi-ri iz-zi-iz-za-am*
i-na pa-ni bi-ti-ia ta-az-za-az
alpū(GUD.MEŠ) *ša ma-aḫ-ri-ka iz-za-az-zu*
it-ta-zi-iz i-na sūqim(SILA)
e-eš-me-e-ma at-ta-pa-al-sà-ah
a-na Bābilim[ki] *a-al-la-ak ù ab-ba-la-ka-tam*
il-ta-am is-sú-ú i-ša-lu (Atramḫasis)
išālū: *šâlum*; zwei unverbundene Verbformen.

iq-bu-ma is-su-ú na-gi-ru (Atramḫasis; *nāgirum* „Ausrufer, Herold”)
ti-si-a tu-qú-um-tam (Atramḫasis; *tisiā*: Imp. pl. [→ 13.3]).
i-zi-iz ma-aḫ-ri-ia
it-ta-zi-iz ma-ḫar ᵈ*En-líl*

Lektüre (13)

KḪ § 1

šum-ma a-wi-lum a-wi-lam ú-ub-bi-ir-ma ne-er-tam e-li-šu id-di-ma la uk-ti-in-šu mu-ub-bi-ir-šu id-da-ak

- *ubbir-ma: abārum* D „beschuldigen".
- *iddī-ma: nadûm*, hier: „(Anklage) gegen jemanden erheben".
- *uktīn-šu: kânum* D, hier: „(gerichtlich) überführen".

KḪ § 15

šum-ma a-wi-lum lu warad(ÌR) *ekallim*(É.GAL) *lu amat*(GEMÉ) *ekallim*(É.GAL) *lu warad*(ÌR) *muškēnim*(MAŠ.EN.GAG) *lu amat*(GEMÉ) *muškēnim*(MAŠ.EN.GAG) *abullam*(ABUL) *uš-te-ṣí id-da-ak*

- *muškēnum*: das Wort ist (in der Bedeutung „gering, arm") in europäische Sprachen entlehnt worden, z.B. ital. *meschino* und französisch *mesquin.*

KḪ § 154

šum-ma a-wi-lum māras(DUMU.MUNUS)*-sú il-ta-ma-ad a-wi-lam šu-a-ti ālam*(URU) *ú-še-eṣ-ṣú-ú-šu*

- *māras-su: mārtum* + Suffix.
- *iltamad: lamādum*, hier im sexuellen Sinn: „(mit jemandem) Geschlechtsverkehr haben".
- *ālam*: wahrscheinlich adverbial gebrauchter Akk. („aus der Stadt vertreiben").
- *ušteṣṣû-šu: waṣûm* Š Präs. 3.m.pl. + Suffix.

KḪ § 238

šum-ma malāḫum(MÁ.LAḪ$_5$) *elep*(^{giš}MÁ) *a-wi-lim ú-ṭe$_4$-eb-bi-ma uš-te-li-a-aš-ši kasap/kaspam*(KÙ.BABBAR) *mi-ši-il šīmīša*(ŠÁM-*ša*) *i-na-ad-di-in*

- *malāḫum*: „Schiffer, Seemann" (sumer. Lehnwort).
- *uṭebbi-ma: ṭebûm* D „(Schiff) versenken".
- *uštēliašši: elûm*, Š Perf. + Ventiv + Suffix (3.f.sg. mit Bezug auf *eleppum* „Schiff").

KḪ § 253 (Anfang)

šum-ma a-wi-lum a-wi-lam a-na pa-ni eqlīšu(A.ŠÀ-*šu*) *ú-zu-zu-zi-im i-gur-ma ......*

- *uzuzzum* = *izuzzum*: hier etwa: „als Aufseher eines Grundstückes fungieren".

Atramḫasis-Epos, I. Tafel, Z. 212-213

212 *i-lu-um-ma ù a-wi-lum li-[ib-ta-al-li-lu]*
213 *pu-ḫu-ur i-na ṭi-id-d[i]*

- *puḫur*: *puḫrum*, St. abs. „in Gemeinschaft, zusammen".

Gilgamesch-Epos (aB) OB II 238-240

238 *ul-lu e-li mu-ti re-eš-ka*
239 *šar-ru-tam ša ni-ši* 240 *i-ši-im-kum* ^{d}*En-líl*

- *ullu*: *elûm*, D Stativ; *išīm*: Verb *šiāmum*.

Gilgamesch-Epos (aB) OB III 146-147

lu-ul-li-ik-ma i-na pa-ni-ka
pi-ka li-is-si-a-am ṭi-ḫe e ta-du-ur

- *lissiam*: (→ 13.3).
- *ṭiḫe*: *ṭeḫûm (e/e)* „sich nähern, nahe herantreten".
- *ē tādur*: *adārum*; Vetitiv (→ 7.3.1).

Gilgamesch-Epos (aB), Pennsylvania tablet (OB II [Kol. III]), Z. 90-93 (in Transkription)

90 *ul īde Enkīdu* 91 *aklam ana akālim*
92 *šikaram ana šatêm* 93 *lā lummud*

- *lummud*: D Stativ, „unterrichtet sein".

Gilgamesch-Epos (aB), OB VA + BM, Kol. III, Z. 1-5 (in Transkription)

1 *Gilgameš êš tadâl*
2 *balāṭam ša tasaḫḫuru lā tutta*
3 *inūma ilū ibnû awīlūtam*
4 *mūtam iškunū ana awīlūtim*
5 *balāṭam ina qātišunu iṣṣabtū*

- *êš* „wohin?".
- *tutta* : *watûm (a/a)*„finden, entdecken".
- *iṣṣabtū*: Perf. (Assimilation *ṣt* > *ṣṣ* [→ 6.2.3]).

Lektion 14

Zahlwörter; das Jungbabylonische

14.1 Zahlwörter

14.1.1 Kardinalzahlen: Bildung

Die Kardinalzahlen 1-10 lauten (wichtig sind vor allem die Formen der zweiten Spalte):

	beim Maskulinum		beim Femininum	
Status	rectus	absolutus	rectus	absolutus
1	*ištēnum*	***ištēn***	*ištētum*	*ištiat, ištēt*
2	*šina*	***šina***	*šitta*	*šitta*
	formal fem. Zahlen:		formal mask. Zahlen:	
3	*šalaštum*	***šalāš(a)t***	*šalāšum*	*šalaš*
4	*erbettum*	***erbet***	*erbûm, urba'um*	*erbe*
5	*ḫamištum*	***ḫamšat***	*ḫamšum*	*ḫamiš*
6	*šedištum*	***šeššet***	*šeššum*	—
7	*sebettum*	***sebet***	*sebûm*	*sebe*
8	—	***samānat***	**samānûm*	*samāne*
9	*tešītum*	***tišīt***	*tišûm*	*tiše*
10	*ešertum*	***ešeret***	*ešrum*	*ešer*
20		*ešrā*		
30		*šalāšā*		
40		*erbā*		
50		*ḫamšā*		
100	*(me'atum)*	*me'at, mē*		
1000	*līmum*	*līm*		

Zahlen im Sexagesimalsystem:

60	*šūšum*	*šūš(i)*
600	*nērum*	*nēr*
3600	*šārum*	*šār*

14.1.2 Kardinalzahlen: Etymologie

Etymologisch betrachtet sind folgende Lexeme auffällig (Zitation der akkadischen Formen im St. abs. mask.):

ištēn	entspricht dem hebr. Lexem *ˁaštē* (nur in dem Zahlausdruck für „elf": *ˁaštē ˁāśār* / *ˁæśrē*[h])
sebe	entspricht hebr. *šæbaˁ* (man erwartet ein *š* im Akkadischen)
samāne	entspricht hebr. *š*[e]*mōnê* (man erwartet wieder *š* im Akkadischen).

Die Zehnerzahlen, z.B. *šalāšā* „30", weisen im Akkad. eine Endung *-ā* auf, während die Entsprechungen in westsemit. Sprachen die Endung des mask. Pl., St. abs., aufweisen (z.B. hebr. *š*[e]*lōšīm*).

14.1.3 Kardinalzahlen: logographische Schreibung

Kardinalzahlen werden in den Texten fast immer als Ziffern (logographisch) geschrieben. Dabei steht

- ein senkrechter Keil für „1" bzw. auch für „60" (Grundeinheit des alten Hexagesimalsystems),
- ein Winkelhaken für „10",
- das Schriftzeichen ME für „100" (Lexem *meˀatum* „100"),
- das Schriftzeichen LIM für „1000" (Lexem *līmum* „1000").

Häufige Kombinationen:
- Zwei senkrechte Keile hintereinander stehen für „2" bzw. für „120",
- fünf senkrechte Keile in zwei Registern (oben drei, unten zwei) für „5" bzw. „300" (= fünfmal „60"),
- fünf Winkelhaken in zwei Registern (oben drei, unten zwei) für „50".

14.1.4 Syntax der Kardinalzahlen

Die Grundzahlen von 1 bis 10 stehen im aB zumeist vor dem Gezählten, und zwar überwiegend im endungslosen Status absolutus (→ 3.4). Bei umgekehrter Stellung (Zahl nach dem Gezählten) ist die Zahl in der Regel stark betont.

Die Zahlen 1 und 2 kongruieren im Genus mit dem Gezählten. Das Genus der Zahlen von 3 - 10 ist dagegen in der Regel dem des Gezählten entgegengesetzt (polare Genussyntax bei den Zahlen 3-10, wie im Hebräischen).

Der Kasus des Gezählten richtet sich nach der Satzsyntax (z.B. nach dem Verb im Satz):

ištēn pīḫam	ein (Fässchen) Mischbier	(Akk.)
ilam ištēn	einen (einzigen) Gott	(Akk.)
ḫamšat bēlū	fünf Herren	(Nom.)
ḫamiš šanātim	fünf Jahre	(Akk. oder Gen.)
samāne šanātim	acht Jahre	(Akk. oder Gen.).

Verbindungen von Zahlen und Maßangaben werden wie folgt konstruiert:

Zahl im Status abs.	+	**Maßeinheit** im Status abs.	+	**Gezähltes** in dem von der Satzsyntax geforderten Kasus
šalaš		*sūt*?		*qēmum / qēmam*
drei		*sūt*-Einheiten		Mehl
erbet		*mana*		*kaspum / kaspam*
vier		Minen		Silber
ḫamšat		*šiqil*		*kaspum / kaspam*
fünf		Schekel		Silber

Bemerkungen: Das Hohlmaß *sūtum* hat feminines Genus; die Gewichtseinheiten *manûm* und *šiqlum* haben maskulines Genus (1 Mine = 60 Schekel = ca. 500 g [d.h. ca. ein Pfund]).

14.1.5 *Ordinalzahlen*

Die Ordinalzahlen werden adjektivisch gebraucht und stehen meist vor dem Substantiv. Ab der Zahl „drei" werden sie durch *parus*-Nominalformen (Mask. *parsum* < **parusum*; Fem. *parustum*) gebildet.

	Mask.	Fem.	
1.	*pānûm*	*pānītum*	
	maḫrûm	*maḫrītum*	
	ištēnum	*ištētum*	(= Kardinalzahlen, St. rect.)
2.	*šanûm*	*šanītum*	
3.	*šalšum*	*šaluštum*	
4.	*rebûm*	*rebūtum*	
5.	*ḫamšum*	*ḫamuštum*	
6.	*šeššum*	*šeduštum*	
7.	*sebûm*	*sebūtum*	
8.	*samnum*	*samuntum*	
9.	*tišûm*	*tišūtum*	
10.	*ešrum*	*ešurtum*	

Kardinalia und Ordinalia werden in der Keilschrift oft als Sumerogramm des Typs „Gezähltes + Zahl + KAM" geschrieben, z.B.

MU.3.KAM „drei Jahre" oder „Jahr drei" = „drittes Jahr"
UD.2.KAM „zwei Tage" oder „Tag zwei" = „zweiter Tag".
(MU = *šattum* „Jahr"; UD = *ūmum* „Tag")

14.1.6 *Bruchzahlen*

Die Bruchzahlen werden oft durch die entsprechende feminine, seltener: maskuline Ordinalzahl zum Ausdruck gebracht:

šaluštum	(bzw. *šalšum*)	ein Drittel (1/3)
rebūtum	(bzw. *rebûm*)	ein Viertel (1/4).

In der Keilschrift wird oft die sumerische Konstruktion IGI.X.GÁL verwendet, z.B.

IGI.8.GAL ein Achtel (1/8).

Daneben gibt es spezifische Lexeme wie *mišlum* „Hälfte" oder *šittān* „2/3" (Obl. *šittīn*).

14.1.7 Andere Zahlausdrücke

Multiplikativzahlen werden durch Anhängung der Adverbialendung *-ī-* und *-šu*, des Suffixes für „sein“, an den Stamm der Kardinalzahlen gebildet. Sie werden oft mit der Präposition *adi* „bis“ verbunden:

(adi) šinī-šu	zweimal
(adi) šalāšī-šu	dreimal.

Hervorzuheben sind noch die Lexeme *kilallān* bzw. (fem.) *kilattān* „beide“ (Obl. *kilallīn* / *kilattīn*). Sie werden substantivisch oder adjektivisch gebraucht (und stehen dabei nach dem Gezählten), z.B. *birīt īnīn kilattīn* „zwischen beiden Augen“, *alpī kilallīn* „beide Ochsen“ (Obl.), *kilallāšunu* „sie beide“, *ana kilallīni* „uns beiden“.

14.2 Das Jungbabylonische

Das Jungbabylonische (jB) — englisch: *Standard Babylonian* (SB) — ist die literarische Schriftsprache des ausgehenden 2. und des 1. Jahrtausends v. Chr. (vor allem für Königsinschriften und epische Texte). Es orientiert sich grammatisch am Altbabylonischen und wurde sowohl von babylonischen als auch assyrischen Schreibern benutzt.

Die Hauptunterschiede zum Altbabylonischen sind (vgl. J. Huehnergard, *A Grammar of Akkadian*, Atlanta, Georgia 1997, S. 596-598):

- Die Mimation (→ 2.5.1: 3) ist in der Regel nicht (mehr) vorhanden: *šarru* < **šarrum* „König“; *šarratu* „Königin“; *jâši* „mir“ (→ 4.1); *išpura* „er schicke her (zu mir)“ (→ 6.4).
- Die Vokalfolge *ia* (und *ea*) — altbabylonisch meist noch erhalten (→ 2.7) — ist regelmäßig zu *â* kontrahiert: *qibâ* < **qibiam* „sage mir!“.
- *š* vor Dentalen (*t*, *ṭ*, *d*) wird gewöhnlich zu *l* : *iktalda* < **iktašdam* „er/sie traf hier ein“; *marultu* < **maruštum* (< **maruṣtum*) „krank“.
- Wortanlautendes *w* ist allgemein geschwunden: *ardu* < **wardum* „Sklave, Diener“; *alādu* < **walādum* „(um zu) gebären“.
- Intervokalisch wird *w* zu *m*: *amīlu* < **awīlum* „Mann“; *umaššar* < **uwaššar* „er entlässt“ (von daher auch Infinitiv *muššuru* [aB *wuššurum*]).

- Doppelkonsonanz wird häufig durch *n* oder (seltener) *m* plus Konsonant aufgelöst (wie im Aramäischen): *inandin* oder *inamdin* < **inaddin* „er/sie gibt". Besonders für *bb* tritt häufig *mb* ein: *nimbukun* (< **nibbu-kunu* bzw. *nību-kunu*)„eure Erwähnung".
- Die Konsonantenfolge *mt* wird häufig zu *nt*: *tuquntu* < **tuqumtu(m)* „Kampf".
- Anstelle der Personalpronomina *šunūti* und *šināti* (s. → 4.1) werden *šâtunu* und *šâtina* (bzw. *šuātunu*, *šuātina*) gebraucht.
- Die Pronominalsuffixe *-šu* und *-ša* werden bisweilen nicht differenziert.
- Die Auslautvokale von Pronominalsuffixen fallen häufig ab, vor allem in der Epik: *šalamtaš* (statt *šalamtaša*) „ihr Leichnam"; *aḫūšun* (statt *aḫūšunu*) „ihr Bruder".
- Die Ventivendung lautet *-a* (< *-am*) bzw. *-ni* (< *-nim*).
- Formen von Verben *mediae Aleph* erscheinen oft mit starkem Aleph: *šaʾālu* (aB *šâlum*) „fragen".
- Verben *tertiae infirmae* bilden überwiegend Formen gemäß der *i*-Klasse (auf Kosten der anderen Vokalklassen; vgl. → 10.2.1): *ikli* (neben *ikla*) „er hielt zurück"; *imni* (neben *imnu*) „sie zählte".
- Anstelle der Akkusativendung *-a* wird häufig die Nominativendung *-u* oder die Genitivendung *-i* gebraucht, z.B. *amātu iqbâ* (aB *awātam iqbiam*)„er teilte mir ein Wort mit". Bisweilen fallen Kasusendungen ganz weg.
- Nomina des maskulinen Plurals lauten unabhängig vom Kasus meist auf *-ī* oder *-ē* aus (letzteres vor allem in Texten aus Assyrien): *šarrē mātāti* „die Könige der Länder".
- Der Terminativ auf *-iš* (→ 2.6.2) dient auch als Vergleichskasus: *iliš* „wie ein Gott".

Lernvokabular (14)

Nomina:

dāmum	Blut (oft im Pl.) [hebr. *dām*]
eršum	verständig, weise [vgl. hebr. *ḥārāš* „(geschickter) Handwerker"]
ḫurāṣum	Gold [hebr. (poetisch) *ḥārūṣ*]
kakkabum	Stern [hebr. *kōkāb*]
kibrum	Ufer, Rand; Pl. *kibrātum*: die (vier) Weltufer (= die ganze Welt)
maḫrûm	erster, früherer (vgl. Subst. *maḫrum* „Vorderseite")
manûm, manāʾum	Gewichtseinheit Mine (Wortzeichen MA.NA) St. abs. *manā* [hebr. *mānǣ*^{h}]
qûm	ein Gefäß und Hohlmaß (= 1/10 *sūtum*, ca. 1 l)

sūtum	ein Gefäß und Hohlmaß (ca. 10 l); St. abs. *sūt* oder *sât*; Pl. *sâtum* [hebr. *s*[e]*ʔâ* „Sea"]
šattum	Jahr (< *šantum*); Pl. *šanātum* [hebr. *šānâ*]
šittān	zwei Drittel

Verben:

emēdum (a/u und *i/i)*	anlehnen; mit zwei Akkusativen: jemandem etwas auferlegen, etwas auf jemanden legen [vgl. hebr. *ʿmd* „sich hinstellen"]
pašāḫu (a/a)	ruhen, zur Ruhe kommen
šemûm (e)	(G hören, gehorsam sein) **Š** hören lassen; hörig / untertan machen
ṭabāḫum (a/u)	schlachten [hebr. *ṭbḥ*]

Übungen (14)

šàr(LUGAL) *ki-ib-ra-tim ar-ba-im*
ilam(DINGIR) *iš-te-en li-iṭ-bu-ḫu-ma* (Atramḫasis, I. Tafel, Z. 208)
i-na ša-at-tim maḫ-ri-tim (KḪ)
i-na re-bu-tim ša-at-tim (KḪ § 44)
i-na ḫa-mu-uš-tim ša-at-tim (KḪ § 60)
iš-ti-ta ša-at-tam ... ; *ša-ni-ta ša-at-tam* ... ; *ša-lu-uš-tum ša-at-tum il-li-k*[*a-am-ma*]
(Atramḫasis-Epos II. Tf., IV 9-11); zwei Zahlwörter ohne Mimation.
ištīta šattam: „im ersten Jahr ..." (fungiert als Ordinalzahl).

4 *sūt âm*(ŠE-*am*)
2 *qa âm*(ŠE-*am*)
10 *šiqil*(GÍN) *kaspum*(KÙ.BABBAR)
1 *mana*(MA.NA) *kaspam*(KÙ.BABBAR)
1/3 *mana*(MA.NA) *kaspam*(KÙ.BABBAR)
MU.4.KAM (→ 14.1.5)
iš-tu i-na-an-na UD.2.KAM (→ 14.1.5; sinngemäß = „übermorgen")
IGI.3.GÁL (→ 14.1.6)
ši-it-ti-in a-na be-el [giš]*kirîm*(KIRI$_6$) *i-na-ad-di-in ša-lu-uš-tam šu-ú i-le-qé* (KḪ § 64)
a-di 30-šu i-na-ad-di-in
e-eš-ri-šu aš-tap-pa-ra-ak-ki-im

Lektüre (14)

Königsinschrift von Hammurapi zum Gedenken einer Kanalgrabung (King, *LIH* 1 95 = Frayne, *RIME* 4, 341f.), Z. 1-5:

1 *Ḫa-am-mu-ra-pí* 2 *šarrum*(LUGAL) *da-núm* 3 *šar*(LUGAL) *Bābilim*(KÁ.DINGIR.RA^{ki})
4 *šarrum*(LUGAL) *mu-uš-te-eš-mi* 5 *ki-ib-ra-tim ar-ba-im*

* * *

Auszüge aus dem jungbabylonischen **Enūma-eliš-Epos (Ee)**, **Tafel VI** (Text gemäß Haupttextzeuge; Thema: die Erschaffung des Menschen durch den Gott Ea):

17 *Marduk*(^{d}AMAR.UTU) *ú-paḫ-ḫir-ma ilī*(DINGIR.DINGIR) *rabûti*(GAL.MEŠ)
18 *ṭa-biš u-ma-ʾa-ár i-nam-din ter-ti*
19 *ep-šu pi-i-šú ilū*(DINGIR.DINGIR) *ú-paq-qu-šú*
20 *šarru*(LUGAL) *a-na* ^{d}*A-nun-na-ki a-ma-ta i-zak-kar*

- Z. 17: *Marduk*: zentrale babylonische Gottheit, ursprünglich Stadtgott von Babylon.
- Z. 18: *u-ma-ʾa-ár*: (*w*)*âru* D „befehlen, einen Befehl erteilen"; *i-nam-din*: ~ *inaddin*; *ter-ti*: Akkusativ trotz Endung *-i*.
- Z. 19: *ep-šu*: ~ *ipšu* „Tat, Werk", hier „Ausspruch (des Mundes)", trotz Endung *-u* liegt ein Akkusativ vor; *ú-paq-qu-šú*: *puqqu* „aufmerken, genau zuhören".
- Z. 20: ^{d}*A-nun-na-ki*: Annuna-Götter, eine Gruppe von wichtigen Gottheiten; *a-ma-ta*: ~ *awātam* „Wort".

23 *man-nu-um-ma šá ib-nu-ú tu-qu-un-tu*
24 *Ti-amat ú-ša-bal-ki-tú-ma ik-ṣu-ru ta-ḫa-zu*
25 *li-in-na-ad-nam-ma šá ib-nu-ú tu-qu-un-tu*
26 *ár-nu-uš-šú lu(-)ú-šá-áš-ša-a pa-šá-ḫiš tuš-ba*

- Z. 23: *man-nu-um-ma*: *mannum* „wer?" + (hervorhebendes) *-ma* (→ 6.7) „wer ist es, der ..."; *ib-nu-ú*: *banû* „bauen = machen", Prät. 3.m.sg. mit Subordinativ-Endung (→ 6.3) ; *tu-qu-un-tu* = *tuqumtu* „Schlacht, Kampf": Akkusativ trotz Endung *-u*.
- Z. 24: Fortsetzung des *ša*-Relativsatzes von Z. 23; Tiamat: Urgöttin der babylonischen Mythologie, verkörpert das Prinzip des Salzwassers; *ú-ša-bal-ki-tú-ma*: *ušabalkit* = *ušbalkit*, Š-Prät. 3.m.sg. mit Subordinativ-Endung (→ 6.4) und (verknüpfendes) *-ma* „und" (→ 6.7); *ta-ḫa-zu*: Akkusativ trotz Endung *-u*.
- Z. 25: *li-in-na-ad-nam-ma*: *linnadin* (N-Prekativ 3.m.sg.) + Ventiv = dativisches Objektsuffix 1.sg. (→ 6.5).

- Z. 26: Diese Textzeile enthält mehrere ungelöste grammatische Probleme. *ár-nu-uš-šú*: wahrscheinlich als Akkusativ Sg. (trotz Kasusendung *-u* und geminiertem *š*) zu deuten, mit Suffix 3.m.sg.; *lu*(-) *ú-šá-áš-ša-a*: *našû* Š, wahrscheinlich Prekativ: „Ich will (ihn seine Schuld) tragen lassen"; *tuš-ba*: (*w*)*ašābu*, G- Prät. 2.c.pl.; ich verstehe die Form als Prekativ (nach *lū*) der 2. Person (akkadisch sonst nicht belegt): „ihr sollt sitzen/ wohnen/leben!"; ein anderer Textzeuge bietet *tišbā*, einen G-Imp. (m.pl.) des Sekundärverbs *tašābu* („setzt euch!").

27 *i-pu-lu-šu-ma* ^{d}*Í-gì-gì* ...

29 ^{d}*Kin-gu-ma šá ib-nu-ú tu-qu-un-tu*
30 *Ti-amat uš-bal-ki-tú-ma ik-ṣu-ru ta-ḫa-zu*

31 *ik-mu-šu-ma maḫ-riš* ^{d}É.A *ú-kal-lu-šú*
32 *an-nam i-me-du-šu-ma da-me-šú ip-tar-*$^{?}$*u-u*

33 *ina da-me-šú ib-na-a a-me-lu-tú*
34 *i-mid dul-li ilī*(DINGIR.DINGIR)*-ma ilī*(DINGIR.DINGIR) *um-taš-šìr*

35 *ul-tu a-me-lu-tu ib-nu-u* ^{d}É.A *er-šú*
36 *dul-lu šá ilī*(DINGIR.DINGIR) *i-mi-du-ni šá-a-šú*

- Z. 27: *i-pu-lu-šu-ma* : *apālu*, G-Prät. 3.m.pl. mit Suffix und *-ma*; ^{d}*Í-gì-gì*: die Igigi-Gottheiten.
- Z. 29: ^{d}*Kin-gu-ma*: Gottheit namens Kingu + (hervorhebendes) *-ma*.
- Z. 31: *ik-mu-šu-ma*: Verb *kamû*; ^{d}É.A: Hochgott Ea (= sumerisch Enki „Herr der Erde").
- Z. 32: *an-nam*: ~ *arnam* (mit Mimation!); *ip-tar-*$^{?}$*u-u*: Perf., *consecutio temporum* (Prät. — Perf.; → 6.2.2).
- Z. 33: *ib-na-a*: aus *ibni* (Prät.) + Ventivendung *-a* (< *-am*); *a-me-lu-tú*: ~ *awīlūtum* (hier Akk.).
- Z. 34: *um-taš-šìr*: (*w*)*uššuru* (*w* > *m*), Perf., wieder *consecutio temporum*.
- Z. 35: *ultu*: ~ *ištu* „seit, nachdem"; *a-me-lu-tú*: = *awīlūtum* (hier Akk.).
- Z. 36: *i-mi-du-ni*: *emēdu*, Prät. 3.m.pl. mit Ventiv; *šá-a-šú*: eigentlich dativisches Personalpronomen (→ 4.1), wird jB auch für Gen. und Akk. gebraucht.

Lektion 15

Das Kanaano-Akkadische der Amarnazeit

15.1 Einleitung

Im 14. Jh. v. Chr. verfassten die in Kanaan (Palästina und Umgebung) ansässigen Vasallen ihre Briefe an den ägyptischen Pharao an sich auf Akkadisch. Die Schreiber der Briefe waren aber zumeist „Einheimische", deren Muttersprache nicht das Akkadische, sondern ein kanaanäischer (nordwestsemitischer) Dialekt war. Charakteristisch für die Briefe aus Kanaan, vor allem für die Briefe aus dem südlichen Bereich, ist nun, dass die Muttersprache des Schreibers bzw. des Briefverfassers des Öfteren deutlich durch das verwendete Akkadisch als sogenanntes Substrat „durchsickerte", und zwar nicht nur in den Bereichen des Lexikons oder der Syntax, sondern auch in zentralen Bereichen der Morphologie bis hin zum Verbalsystem. Das ist jener Bereich, in dem sich Kanaanäisch und Akkadisch besonders markant unterscheiden. Das Verbalsystem ist dabei so stark verändert, dass darin kanaanäische und nicht mehr akkadische Flexionselemente bedeutungsbestimmend sind: Es sind die kanaanäischen Affixe (Prä- und Suffixe), die Person, Genus und Numerus einerseits und Tempus, Aspekt und Modus andererseits markieren, während das Akkadische nur zur Bildung der für die grammatische Funktionen nicht relevanten Basis der Wortform dient.

Neben den hybriden (gemischt akkadisch-kanaanäischen) Wortformen finden sich im kanaano-akkadischen Textkorpus auch echt-kanaanäische Wortformen. Sie sind häufig — aber nicht immer — durch einen vorausgehenden sogenannten Glossenkeil gekennzeichnet. Die kanaanäischen Elemente dieses kanaano-akkadischen Textkorpus — in den Glossen und in den hybriden Wortformen — sind zugleich die ältesten Zeugnisse der kanaanäischen Sprachgruppe überhaupt, von der aus späterer Zeit das Phönizische, das Hebräische (Israelitisch und Judäisch) und Sprachen des Ostjordangebiets (Ammonitisch, Moabitisch, Edomitisch) zeugen.

Die betreffenden Dokumente präsentieren somit ein Akkadisch, das mit Elementen lokaler kanaanäischer Dialekte „durchsetzt" ist, und zwar in einem so krassen Ausmaß, dass man von einer Mischsprache sprechen kann, die mit den Begriffen Substrat und Superstrat nicht mehr adäquat beschrieben werden kann. Die Forschungsgeschichte hat dafür den Begriff „kanaano-akkadisch" geprägt.

Siehe dazu vor allem A. F. Rainey, *Canaanite in the Amarna Tablets,* I-IV (Handbuch der Orientalistik 25), Leiden 1996, und J. Tropper — J.-P. Vita, *Das Kanaano-Akkadische der Amarnazeit* (Lehrbücher orientalischer Sprachen I/1), Münster 2010.

Was hat man sich unter dem Kanaano-Akkadischen nun konkret vorzustellen? Die Fakten deuten auf eine mehr oder weniger *ad hoc* konstruierte und ausschließlich schriftlich gebrauchte Mischsprache hin. Die Formenbildung variiert dabei stark von Textkorpus zu Textkorpus, von Verfasser zu Verfasser und sogar von Schreiber zu Schreiber (die oft an verschiedenen Schreiberschulen ausgebildet worden waren).

Die Entstehung einer solch außergewöhnlichen Mischsprache war wohl nur deshalb möglich, weil auch die Adressaten der betreffenden Texte keine akkadischen Muttersprachler waren und dieses System offenbar verstanden. Wir dürfen in der Tat vermuten, dass diese Briefe am Hof des Pharaos unmittelbar entweder von Ägyptern, die des Kanaanäischen mächtig waren, oder aber — und das ist sogar wahrscheinlicher — von kanaanäisch-sprachigen Schreibern in Empfang genommen wurden. Dafür spricht auch die Tatsache, dass sich selbst in den Briefen aus Ägypten nach Kanaan sporadisch kanaanäische Sprachelemente finden.

15.2 Das kanaano-akkadische Verbalsystem

15.2.1 Die beiden verbalen Hauptkategorien des kanaano-akkadischen Verbalsystems sind: a) die Langform der Präfixkonjugation (**PK^{L}**), die dem kanaanäischen (Lang-)Imperfekt entspricht, b) die Suffixkonjugation (**SK**) in ihrer nicht-stativischen Verwendungsweise.
Die PK^{L} dient als Präsens-Futur bzw. zur Darstellung von Sachverhalten des imperfektiven Aspekts, die SK als Vergangenheitstempus bzw. zur Darstellung von Sachverhalten des perfektiven Aspekts.

Daneben ist im Kanaano-Akkadischen sporadisch auch c) die Kurzform der Präfixkonjugation (**PK^{K}**) entsprechend dem akkadischen Präteritum (bzw. dem Narrativ des Biblisch-Hebräischen) als Tempusform der Vergangenheit bezeugt.

15.2.2 Die PK^{L} des Kanaano-Akkadischen wird ähnlich wie die PK^{L} im frühen Kanaanäischen und deutlich anders als das Präsens des Akkad. gebildet, hat aber die gleiche Funktion wie dieses. Im folgenden Paradigma wird das Flexionsparadigma der kanaanäischen PK^{L} vorgestellt und mit dem des Babylonisch-Akkad. verglichen. Es wurden die jeweils am häufigsten bezeugten Themavokale gewählt; die wesentlichen Unterschiede bei den Affixen sind in Fettdruck markiert:

	akkadisch	**kanaanäisch**
Sg.3.m.	*i-parras*	***ja**-ktub-**u***
3.f.	***i**-parras* (= 3.m.sg.)	*ta-ktub-**u***
2.m.	*ta-parras*	*ta-ktub-**u***
2.f.	*ta-parras-ī*	*ta-ktub-ī**na***
1.c.	*a-parras*	ˀa-ktub-**u**
Pl. 3.m.	*i-parras-ū*	***ta**-ktub-ū**na***
3.f.	*i-parras-ā*	***ta**-ktub-na*
2.m.	*ta-parras-**ā***	*ta-ktub-ū**na***
2.f.	*ta-parras-**ā*** (= 2.m.pl.)	*ta-ktub-**na***
1.c.	*ni-parras*	**na**-ktub-u

Die Kurzform der kanaanäischen Präfixkonjugation (PK^{K}) unterscheidet sich von der Langform durch das Fehlen der Endung -u im Singular (und 1.c.pl.) und das Fehlen der Endung -na in der 2.f.sg. und 2./3.m.pl.; die PK^{K}-Form 3.m.sg. lautet *jaktub*, die Form 3.m.pl. *taktubū*. Die PK^{K} dient im frühen Kaaanäischen (und ebenso im Kanaano-Akkadischen) vor allem als Jussiv, seltener daneben auch als Vergangenheitstempus („Narrativ").

15.2.3 Die PK^{L} des Kanaano-Akkadischen ist hybrid gebildet, orientiert sich aber im Wesentlichen — was Präfixe und Endungen (*-u* bzw. *-ūna*) betrifft — an der kanaanäischen PK^{L}. Als Bildungsbasis kann dabei das akkadische Präteritum oder (seltener) das akkadische Präsens (oder noch selten das akkadische Perfekt) dienen. So kann etwa für die Aussage „ich beschütze" bzw. „ich werde beschützen" im Kanaano-Akkadischen entweder *iṣṣuru* oder *i/anaṣṣaru* stehen, beides abgeleitet vom akkadischen Verb *naṣaru*(*m*):

iṣṣur-u	Basis = akkad. Prät.	*i-ṣṣur*
i/anaṣṣar-u	Basis = akkad. Präs.	*i-naṣṣar.*

Was die Affixe betrifft, so ist vor allem hervorzuheben, dass die 3. Person m.sg. ein *y*-Präfix hat, d.h. *ji/aqtulu* (das Präfix ist mit dem PI-Zeichen = *ji / ju / ja* oder mit dem IA-Zeichen geschrieben), und dass die 3. Person m. pl. ein *t*-Präfix hat, d.h. *ti/aqtulūna*. Die nachfolgende Tabelle listet die wichtigsten Formentypen auf. Die Belegstellenangaben meinen EA-Textnummern (EA = El-Amarna, nach J. A. Knudtzon, *Die El-Amarna-Tafeln*, Bde. I - II, Leipzig 1907 /1915). Formen der 2.f.sg. und 2./3.f.pl. sind nicht belegt; „Q T L" steht stellvertretend für die akk. Verbalbasis):

	Paradigmenform	Beispiele
3.m.sg.	ji-QTL-u	*ji-iš-mu* (*šemû*) „er hört" 109:16.18 u.ö.
		ji-iš-tap-ru „er schickt" 106:14
		ji-pu-šu (*epēšu*) „er wird tun" 73:31
	ja-QTL-u (selten)	*ia-mu-tu* (*mâtu*) „er stirbt" 138:27
		ia-di-nu (*nadānu*) „er gibt" 125:16
3.f.sg.	ti-QTL-u	*ti-ik-šu-du* „er trifft ein" 221:14
		te-na-mu-šu „er bewegt sich" 292:13
		ti-na-mu-šu „er bewegt sich" 266:19
2.m.sg.	ti-QTL-u	*ti-qa-bu* „du sagst" 117:30 u.ö.
		ti-iq-bu „du sagst" 71:12
		ti-ma-qú-tu „du überfällst" 73:10
	ta-QTL-u (selten)	*táq-bu* „du sagst" 73:7, 145:23
1.c.sg.	i-QTL-u (häufig)	*i-na-ṣa-ru* „ich beschütze" 65:10 u.ö.
		e-na-ṣa-ru 187:20, 220:25
		iṣ-ṣú-ru 220:15 u.ö. (= *yiqtulu*-PK[L])
	a-QTL-u	*a-na-ṣa-ru* „ich beschütze" 221:12 u.ö. (= *yiqattalu*-PK[L])
3.m.pl.	ti-QTL-ūna	*ti-la-ku-na* „sie gehen" 73:16 u.ö.
		te-la-ku-na 249:5
		ti-iq-bu-na „sie sprechen" 73:29 u.ö.
	ta-QTL-ūna (selten)	*ta-aš-pu-ru-na* „sie schicken / schreiben" 138:122
2.m.pl.	tV-QTL-ūna	(Glosse *ti-mi-tu-na-nu* „ihr tötet uns" 238:33)
1.c.pl.	ni-QTL-u	*ni-na-ṣa-ru* „wir beschützen" 100:8.30
		ni-di-nu „wir geben" 112:52
	nu-QTL-u	*nu-uš-pu-ru* 85:84

15.2.4 Während der Stativ des Akkad. (*paris* „er/es ist entschieden") mehr oder weniger nur zum Ausdruck von Zuständen dient, dient die ihm formal entsprechende Suffixkonjugation im Kanaanäischen vor allem als gewöhnliches Tempus der Vergangenheit (*kataba* „er hat geschrieben" bzw. „er schrieb").

Das Flexionsparadigma des akkad. Stativs und der altkanaanäischen Suffixkonjugation (SK) mit dem je am häufigsten bezeugten Themavokal lautet (die Hauptunterschiede sind durch Fettdruck markiert):

	akkad.	kanaan.
Sg.3.m.	*paris*	*katab-**a***
3.f.	*pars-at*	*katab-at*
2.m.	*pars-**ā**ta*	*katab-ta*
2.f.	*pars-**ā**ti*	*katab-ti*
1.c.	*pars-**āku***	*kabab-**tī***
Pl. 3.m.	*pars-ū*	*katab-ū*
3.f.	*pars-ā*	*katab-ā*
		*katab-**ū***
2.m.	*pars-**ā**tunu*	*katab-tim(u)*
2.f.	*pars-**ā**tina*	*katab-tin(na)*
1.c.	*pars-**ā**nu*	*katab-nū*
Du.3.m.	*pars-ā*	*katab-ā*

15.2.5 Formen der Suffixkonjugation (SK) des Kanaano-Akkadischen sind hybrid gebildet. Sie sind „akkadisierend" im Hinblick auf den zumeisten vorhandenen „Bindevokal" *-ā-* vor den Endungen (echt kanaanäische Formen im gleichen Korpus haben in der Regel keinen Bindevokal) und „kanaanäisierend" im Hinblick auf die Funktion (Vergangenheitstempus) und gewisse formale Phänomene, etwa indem die 1. Person sg. überwiegend auf *-ti* und nicht auf *-ku* endet.

Das Flexionsparadigma der hybrid gebildeten SK-Formen des Kanaano-Akkadischen mit dem am häufigsten bezeugten Themavokal /a/ lautet (die Formen 2.f.sg. und 2.f.pl. sind nicht belegt):

	Paradigmenform	Beispiele
3.m.sg.	qatal	*ša-par* „er hat geschrieben" 320:18
		pa-ṭa-ar „er ist abtrünnig geworden" 287:46 (u.ö.)
	qat(a)l-a	*ša-pa-ra* „er hat geschickt" 65:7
		ša-ap-ra „er hat geschickt" 283:7
3.f.sg.	qatl-at	*ḫal-qa-at* „sie ist/ging verloren" 288:24 (u.ö.)
	qatal-at (selten)	*pa-ṭa-ra-at* „sie ist abtrünnig geworden" 286:35 (u.ö.)
2.m.sg.	qatl-āta	*šap-ra-ta* „du hast geschickt" 252:5 (u.ö.)
1.c.sg.	qatl-āti	*šap-ra-ti/te* „ich habe geschickt" 96:30 (u.ö.)
		ḫa-ad-ia-ti „ich bin froh" 147:27 (ähnl. Z. 29)
	qatl-āku	*mar-ṣa-ku* „ich bin krank" 106:13; 306:22
3.m.pl.	qatl-ū	*pa-aṭ-ru* „sie sind abtrünnig geworden" 73:14 (u.ö.)
	qata/il-ū (selten)	[*la*]-*qa-ḫu* „sie haben genommen" 287:36
		ša-li-mu „sie sind friedlich" 287:12
3.f.pl.	qatl-ū	vgl. : *ḫa-sí-lu* „sie wurden geplündert" 263:13
	qatl-ā	*ki-na* (*kânu*)„sie (die Worte) sind (nicht) wahr" 89:14
		ki-i-na „sie sind (nicht) wahr" 162:19 (aus Ägypten)
		pa-aṭ-ra „(Städte) sind abtrünnig geworden" 83:28
2.m.pl.	qatl-ātunu	*pa-aš-ḫa-tu-nu* „ihr habt Ruhe" 74:27
		i-ba-ša-tu-nu (*bašû*) „ihr seid" 74:26
1.c.pl.	qatl-ānu	*da-na-nu-u*$_{16}$ „wir sind stark" 362:27
3.m.du.	qat(a)l-ā	vgl. : *mi-ḫi-ṣa* (Gp-Stamm) „sie (beide) sind geschlagen worden" 335:9 (kan. Glosse)

15.3 *Beispieltext: EA 320 (Brief aus Aschqelon)*

I. Adresse

^{1}*[a]-na* ^{I}*šarri*(LUGAL) *bēlī*(EN)*-ia* ^{2}*ilāni*(DINGIR.MEŠ)*-ia* ^{d}*Šamšī*(UTU)*-ia* ^{3} ^{d}*Šamaš* (UTU) *ša [i]š-tu* ^{4} ^{d}*sa-me-e*

„An den König, meinen Herrn, meinen Gott, meine Sonne, die Sonne vom Himmel:“

Z. 2: *ilānīja*: Plural mit Singularbedeutung (vgl. hebr. *^{ae}lōhīm*); hier als Epitheton des Pharaos.
Z. 4: *sa-me-e*: *samû* ~ *šamû* „Himmel” (Obl.).

II. Absender

um-ma ^{5} ^{I}*Ji-id-ia awīli*(LÚ) ^{6}*ša* ^{uru}*Aš-qa-lu-na*^{ki} ^{7}*ardī*(ÌR)*-ka*$_4$ *ep-ri ša* ^{8} ^{uzu}*šēpē*(GÌR. MEŠ)*-ka*$_4$ ^{lú} ^{9}*kàr-tap-pí ša sisî*(ANŠE.KUR.RA)*-ka*$_4$

„Botschaft deines Dieners Jidija, des Mannes von Aschqelon, des Staubes deiner Füße, deines Pferdeknechtes“.

Z. 4: *um-ma*: Im Akkad. ein Adverb („folgendermaßen“), wird im KA zumeist als Substantiv mit der Bedeutung „Botschaft“ verstanden (mit folgendem Genitiv).

III. Prostrationsformel

^{10}*a-na šēpī*(UZU.GÌR.MEŠ) *šarri*(LUGAL) ^{11}*be-lí-ia* 7-*šu u* ^{12}7-TA.A.AN *lu-ú* ^{13}*iš-ta-ḫa-ḫi-in* ^{14}*ka-b[a]t-tum-ma u* ^{15}*[ṣ]e-ru-ma*

„Vor den Füßen des Königs, meines Herrn, habe ich mich sieben Mal und sieben Mal fürwahr auf den Bauch und auf den Rücken niedergeworfen“.

Z. 11-12: 7-*šu* (→ 14.1.7).
Z. 12: *lu-ú*: „fürwahr!, gewiss!“ (→ 7.2).
Z. 13: *iš-ta-ḫa-ḫi-in*: *šuḫāḫunu* = *šukênu* „sich niederwerfen”; wohl echt-akkad. Š-Perf. oder Št-Prät.
Z. 14-15: *ka-b[a]t-tum-ma u [ṣ]e-ru-ma*: Lokativ (→ 2.6.1); mit enklitischem *-ma*.

IV. Hauptteil des Briefes

^{16}*a-nu-ma a-na-ṣa-r[u]* ^{17}*a-šar šarri*(LUGAL) *ša it-t[i-i]a*

„Nun, ich beschütze den Ort des Königs, der bei mir ist (= der unter meiner Verantwortung ist)“.

Z. 16: *a-na-ṣa-r[u]*: *naṣāru* „beschützen", G-PK^{L} (Basis = Präs.).

^{18}*u mi-im-ma ša ša-par* ^{19}*š[arru]*(L[UGAL]) *bēlī*(EN)*-ia a-na ia-ši* ^{20}*iš-ti-mu-uš-šu* ^{21}*danniš* (MA.GAL) *danniš*(MA.GAL)

„Und all dem, was der König, mein Herr, mir geschrieben hat, dem pflege ich genauestens zu gehorchen".

Z. 18: *mi-im-ma*: → 7.5.
Z. 18: *ša ša-par*: *šapāru* „schreiben", G-SK 3.m.sg.; das KA verwendet grundsätzlich keinen Subordinativ (zum Subordinativ des Akkad. siehe → 6.3), zumal die Endung *-u* im KA eine wichtige andere Funktion im Verbalsystem besitzt (sie dient in der PK zur Unterscheidung von Lang- und Kurzform).
Z. 20: *iš-ti-mu-uš-šu*: *šemû* „hören", G-PK^{L} (Basis = Perf. od. Gt-Pret.); mit Energikus (entspricht hebr. *Nun energicum*) und Objektsuffix. Die PK^{L} drückt hier einen imperfektiven Sachverhalt aus („ich pflege zu hören / gehorchen, gehorche immer wieder").

^{22}*mi-ia-mì* ^{lú}*kal-bu* ^{23}*u la-a yi-iš-mu* ^{24}*a-na a-wa-te šarri*(LUGAL) *bēlī*(EN)*-šu* ^{25}*mār*(DUMU) ^{d}*Šamaš*(UTU)

„Wer wäre denn (so) ein Hund, dass er den Worten des Königs, seines Herrn, dem Sohn der Sonne, nicht gehorchen würde?"

Z. 22: *mi-ia-mì*: *mija* + enklitische Partikel *-mi*. *mija* ist das altkanaanäische Fragepronomen für „wer?" (vgl. hebr. *mī*; entspricht akkad. *mannum*, → 7.4). Die enklitische Partikel *-mi* (→ 6.8) wird im KA – anders als im Akkad. – nur selten als Marker der wörtlichen Rede verwendet; zumeist hat es die Funktion, die akkad. *-ma* besitzt (→ 6.7).
Z. 23: *lā* dient im KA als allgemeine Negation, auch für die Negierung von Aussagen in Hauptsätzen (das Akkad. benutzt dafür *ul*; → 6.6). – *u la a yi iš mu* ... : Das KA benutzt die Konjunktion *u* „und" viel häufiger als das Akkad., oft auch zur Einleitung von logisch abhängigen Sätzen.
Z. 22: *yi-iš-mu*: *šemû* „hören", G-PK^{L} (*yiqtul*-Basis [Prät.]).

Abkürzungsverzeichnis

aA	altassyrisch
aB	altbabylonisch
Abk.	(in) Abkürzung
abs.	(Status) absolutus
Akk.	Akkusativ
akkad.	akkadisch
arab.	(klassisch-)arabisch
aram.	aramäisch
assyr.	assyrisch
babyl.	babylonisch
bibl.	biblisch
eigtl.	eigentlich
cs.	(Status) constructus
com.	(Genus) communis
Du./du.	Dual
etym.	etymologisch
f(em).	feminin
Gen.	Genitiv
hebr.	(biblisch-)hebräisch
i.d.R.	in der Regel
jB	jungbabylonisch (= Standard Babylonian)
jmdn.	jemanden
jmdm.	jemandem
KA	das Kanaano-Akkadische (der Amarnazeit)
kan.	kanaanäisch
Konj.	Konjunktion
Lok.	Lokativ(-Adverbialis)
m(ask).	maskulin
mB	mittelbabylonisch
Nif.	Nifʿal
Nom.	Nominativ
OS	Objektsuffix (dativisch oder akkusativisch)
Part.	Partizip
Pers.	Person
Pi.	Piel
PK	Präfixkonjugation (Präformativkonjugation)
PK^{K}	Präfixkonjugation-Kurzform (= Jussiv, Präteritum)
PK^{L}	Präfixkonjugation-Langform (= Imperfekt)
Pl(ur)./pl.	Plural
PN	(männlicher) Personenname
PN^{f}	femininer Personenname
poet.	poetisch
Präp.	Präposition
Ps.	Person
rad.	radikalig
rect.	(Status) rectus
s.	siehe
Sg./sg.	Singular
semit.	semitisch
Sing.	Singular
SK	Suffixkonjugation (Afformativkonjugation)
Stat.	Stativ
St.	Status
Subj.	Subjunktion (~ Konjunktion)
Subord.	Subordinativ
Subst.	Substantiv
Term.	Terminativ(-Adverbialis)
Var.	Variante
vs.	versus
Wz.	Wurzel

LOGOGRAMME

Die folgende Liste der Logogramme beruht auf: J. Huehnergard, *A Grammar of Akkadian* (Harvard Semitic Studies 45), Atlanta, Georgia 1997, S. 532-536.

A(.MEŠ) = *mû*
A.BA = *abum*
A.GÀR = *ugārum*
A.ŠÀ = *eqlum*
A.ZU = *asûm*
Á, Á.BI = *idum, idū*
ÁB = *arḫum, lītum*
ÁB.GUD.ḪI.A = *liātum*
ABUL (frühere Lesung: KÁ.GAL) = *abullum*
AD = *abum*
ÁG = *madādum*
AGA = *agûm*
AGA.ÚS = *rēdûm*
AM = *rīmum*
AMA = *ummum*
AMAR in ^{d}AMAR.UTU = *Marduk*
AMBAR = *appārum*
AN = *Anum, šamû*
AN.ZA.GÀR = *dimtum*
AN, siehe auch DINGIR
ANŠE = *imērum*
ARAD/ÌR = *wardum*
AŠ = *šēpum*

BABBAR siehe É.BABBAR; KÙ.BABBAR
BABBAR siehe auch DU
BÀD = *dūrum* („Mauer")
BALA = *palûm*
BÁN = *sūtum*
$^{(giš)}$BANŠUR = *paššūrum*
BARAG = *parakkum*
BE = *šumma*
BI = *-šu/-ša*
BU siehe GÍD
BÙR$^{(iku)}$ = *būrum*
^{íd}BURANUN (ud+kib+nun) = *Purattum*
BURU$_{14}$ – *ebūrum*DA = *ṭēḫum*; siehe auch IN.NU.DA

DAM = *aššatum*
DAM.GÀR = *tamkārum*
DANNA (kaskal+gíd) = *bērum*
DI in DI.KUD/KU$_{5}$ = *dajjānum*
DINGIR = *ilum*; siehe auch AN
DIŠ = *ištēn, šumma*
DU siehe SAG.DU
DÙ = *banûm, epēšum*
DU$_{10}$ siehe DÙG
DUB = *ṭuppum*
DUB.SAR = *ṭupšarrum*
DUG = *karpatum*
DÙG/DU$_{10}$ (= Zeichen ḫi) = *ṭābum*
DÚL siehe Ú.DÚL
DUMU = *mārum*
DUMU É.DUB.BA(.A) = *mār bīt ṭuppim*
DUMU.MUNUS = *mārtum*
^{d}DUMU.ZI = *Dumuzi*
DURU$_{5}$ (= Zeichen a) = *raṭbum*
^{giš}DUSU = *tupšikkum*

É = *bītum*
É.BABBAR = *Ebabbar*
É.DUB.BA = *bīt ṭuppim*
É.DURU$_{5}$ = *kaprum*
É.GAL = *ekallum*
É.GAR$_{8}$ = *igārum*
É.GI$_{4}$/GI.A = *kallatum*
É.SAG.ÍL = *Esagil*
É.ZI.DA = *Ezida*

EDIN = *ṣērum*
EME = *lišānum*
EN = *bēlum*
^{d}EN.LÍL = *Enlil*
^{d}EN.ZU lies ^{d}ZUEN = *Sîn*
ENGAR = *ikkarum*
ENSÍ (pa+te+si) = *iššiakkum*
ERÍN (oder: ERIM) = *ṣābum, ummānum*
ERÍN.ŠE.KIN.KUD = *ēṣidum*
ÉŠ (oder EŠE; = Zeichen ku) = *ašlum*
EŠ$_4$.TÁR / IŠTAR = *Ištar*
EŠ$_5$ = *šalāš*
EŠE siehe ÉŠ
EŠE$_3$(iku) = *eblum*
EZEN = *isinnum*

GÁ in GÁ.GI.A und GÁ.GI4.A = *gagûm*
GABA = *irtum*
GADA siehe NA.GADA
GAG siehe MAŠ.GAG.EN/MAŠ.EN.GAG
GAG siehe auch DÙ
GAL = *rabûm*
GAL.UKKIN.NA = *muʾirrum*
GAL siehe auch ABUL (ká+gal)
GAL, siehe É.GAL
GÁL siehe ḪÉ.GÁL; IGI.x.GÁL
GAN in GAN.GAN.È = *Kislīmum*
GAR siehe ŠIMxGAR, ŠIM+GAR
GAR$_8$ siehe É.GAR$_8$
GEMÉ (auch SAG.GEMÉ) = *amtum*
GEŠTIN = *karānum*
GEŠTUG = *uznum*
GI = *qanûm*
GI$_6$ (= Zeichen mi) = *mūšum*
GIBIL (geschrieben bil+gi) = *Gibil/Girra*
GÍD (= Zeichen bu) in GÍD(.DA) = *arākum*
GIDRI (= Zeichen pa) = *ḫaṭṭum*
GÍN = *šiqlum*
GÍR in GÍR.NI = *karzillum*
GÌR = *šēpum*
GÌR.NITA(Ḫ)$_2$ (vielleicht zu lesen ŠAKKANA$_6$) = *šakkanakkum*
GÌR.PAD.DU = *eṣemtum*
GÌR.SÌ.GA = *gerseqqûm*
GIŠ = *iṣum*
GIŠ.GI = *apum*
GIŠ.TIR = *qištum*
GIŠ.ÙR = *gušūrum*
GÍŠ = *šūšum*
GÍŠ.U = *nērum*
^{giš}GIŠIMMAR = *gišimmarum*
GU in ^{giš}GU.ZA = *kussûm*
GÚ in GÚ.UN/GUN = *biltum*
GU$_4$ siehe GUD
GÙB (= Zeichen kab) = *šumēlum*
GUD/GU$_4$ = *alpum*
GUN/GÚ.UN = *biltum*
GUR = *kurrum*
GURUŠ (= Zeichen kal) = *eṭlum*
GUŠKIN siehe KÙ.SIG$_{17}$

ḪA in ḪA.LA = *zittum*
ḪÁ siehe ḪI.A
ḪAR siehe UR$_5$
ḪÉ in ḪÉ.GÁL = *ḫegallum/ḫengallum*
ḪI in ḪI.A (oder: ḪÁ) = Pluralmarker
ḪU siehe MUŠEN
ḪUN (= Zeichen ku) in $^{(lú)}$ḪUN.GÁ = *agrum*

I siehe ŠU.I
Ì, Ì.GIŠ = *šamnum*
Ì.BA = *piššatum*
I$_7$ siehe ÍD
IÁ = *ḫamiš*
ÍB in ÍB.TAG$_4$ = *rēḫtum*
IBILA (dumu+uš) = *aplum, aplūtum*
ÍD (oder: I$_7$) = *nārum*
^{d}ÍD = *Id*
IGI = *īnum, maḫrum, maḫrûm, pānum, pānū, pānûm, šībum*
IGI.x. GÁL für Bruchzahlen
IGI, siehe auch LIM (= igi)
IKU = *ikûm*
ILIMMU = *tiše*
IM siehe IŠKUR
IMIN = *sebe*
IN in IN.NU.DA = *tibnum*
INANNA = *Ištar*
INIM (= Zeichen ka) = *awātum*

INIM ... GÁ = *baqārum*
ÌR/ARAD (auch SAG.ÌR/ARAD) = *wardum*
ÌR siehe auch NITA(Ḫ)$_2$ (= ìr)
IŠKUR (= Zeichen im) = *Adad*
IŠTAR siehe EŠ$_4$.TÁR
ITI/ITU = *warḫum*
IZI (= Zeichen ne) = *išātum*

KA = *pûm*
KA siehe auch INIM (= ka)
KA siehe KIR(I)4 (= ka)
KA siehe ZÚ (= ka)
KÁ = *bābum*
KÁ.DINGIR.RA^{ki} = *Bābilim*
KÁ.GAL siehe ABUL
KALAM (= Zeichen un) = *mātum*
KAR = *kārum*
$^{(mí)}$KAR.KID = *ḫarīmtum*
KAS$_7$ siehe NÍG.KAS$_7$
KASKAL = *ḫarrānum*
KAŠ (= Zeichen bi) = *šikarum*
^{lú}KAŠ$_4$(.E) = *lāsimum*
KI = *ašrum, erṣetum, itti*
KI.KAL = *kankallum*
KINGUSILA = *parasrab*
KIR(I)$_4$ (= Zeichen ka) = *appum*
KIRI$_6$ = *kirûm*
KISAL.MAḪ = *kisalmaḫḫum*
KISLAḪ (ki+ud) = *maškanum*
KIŠIB in KIŠIB.LÁ = *rittum*
KU siehe ÉŠ; ḪUN; TÚG; TUKUL
KÙ / KUG = *ellum*
KÙ.BABBAR = *kaspum*
KÙ.SIG$_{17}$, alternativ GUŠKIN = *ḫurāṣum*
KU$_5$ siehe KUD
KU$_6$ (= Zeichen ḫa) = *nūnum*
KUG siehe KÙ
KUN = *zibbatum*
KUR = *mātum, šadûm*
KÚR = *nakrum*
KURUN in LÚ/MÍ.KURUN.NA = *sābûm, sābītum*
KUŠ (= Zeichen su) = *maškum*
KÙŠ = *ammatum*

LAL/LÁ = *šaqālum*
LI = *līmum*
LÍL siehe ^{d}EN.LÍL
LIM = *līmum*
LIM siehe auch IGI
LIMMU = *erbe*
LÚ = *awīlum*
LUGAL = *šarrum*
LUKUR (munus+me) = *nadītum*
LUM siehe ZÚ.LUM(.MA)

MA in MA.NA = *manûm*
$^{(giš)}$MÁ = *eleppum*
$^{(giš)}$MÁ.Ì.DUB = *našpakum*
MÁ.LAḪ$_5$ = *malāḫum*
MAḪ = *ṣīrum*
MAR in MAR.TU = *Amurrûm*
$^{(giš)}$MAR.GÍD.DA = *ereqqum*
MAŠ = *mišlum, šumma*
MAŠ.GAG.EN / MAŠ.EN.GAG = *muškēnum*
MAŠ siehe auch ZIPAḪ (= maš)
MÁŠ = *ṣibtum*
$^{(lú)}$MÁŠ.ŠU.GÍD.GÍD = *bārûm*
ME = *meat(um)*
MEŠ = Plural-Marker
MI = *ṣillum*
MÍ siehe MUNUS
MIN = *šinā*
MU = *nīšum, šattum* „Jahr“, *šumum*
MUL = *kakkabum*
MUNUS/MÍ = *sinništum*
MUNUS.TUR = *ṣuḫārtum*
MURUB$_4$ = *qablum*
MUŠEN (= Zeichen ḫu) = *iṣṣūrum*

NA in NA.GADA = *nāqidum*
$^{(giš)}$NÁ = *eršum* („Bett“)
NA$_4$ = *abnum*
NAGAR siehe ^{lú}TIBIRA (urudu+nagar)
^{d}NANNA = *Nanna*
NE in NE.NE.GAR = *Abum* (Monatsname)
NÍG in NÍG.GA = *makkūrum, namkūrum*
NÍG.KAS$_7$ = *nikkassum*
NÍG.ŠU = *ša qāt(i)*
NÍG siehe auch NINDA (níg)

NIGIDA = *pānum, parsiktum*
NIMGIR = *nāgirum*
NIMIN = *erbeā*
NIN = *aḫātum* (eigentlich NIN_9), *bēltum, erištum*
NIN.DINGIR(.RA) = *entum*
NIN_9 = *aḫātum*
NINDA (= Zeichen níg) = *ak(a)lum, nindanum*
NINNU = *ḫamšā*
NIŠ = *ešrā*
$NITA(Ḫ)_2$ (= Zeichen ìr) = *zikarum*
NU in NU.BANDA5 = *laputtûm*
(lú)NU.[giš]$KIRI_6$ = *nukaribbu*
NU.MU.SU = *almattum*
NUMUN und ŠE.NUMUN = *zērum*
NUN = *rubûm*

PA in PA.PA = *ša ḫaṭṭātim*
PA siehe auch GIDRI (pa)
PAD siehe GÌR.PAD.DU
PÀD = *tamûm*
(gi)PISAN = *pišannum*

RÁ (= Zeichen du) siehe A.RÁ

SA in SA.TU = *šadûm*
SAG = *rēšum*
SAG NÍG.GA = *rēš namkūrim*
SAG.DU = *qaqqadum*
SAG.DÙN = *šassukkum*
SAG.GEMÉ = *amtum*
SAG.ÌR = *wardum*
SAL (munus) siehe Ú.SAL
SANGA = *šangûm*
SAR = *mūšarum*
SAR siehe auch DUB.SAR
SÁR = *šārum*
SÍG = *šīpātum*
SÍG.BA = *lubūšum*
SIG_4 = *libittum*
SIG_4.GA = *Simānum*
SIG_{17} (= Zeichen gi) siehe $KUG.SIG_{17}$
SILA (= Zeichen tar) = *sūqum*
$SILA_3$ (= Zeichen qa) = *qûm*

SIPA(D) = *rēʾûm*
SISKUR = *niqûm*
SU siehe KUŠ
SUKKAL = *sukkallum*
SUKKAL.MAḪ = *sukkalmaḫḫum*
SÚN = *rīmtum*

ŠÀ (oder: $ŠAG_4$) = *libbum*
ŠÀ.GAL = *ukullûm*
ŠÀ.GUD = *kullizum*
ŠÀ siehe auch A.ŠÀ
(dug)ŠAGAN = *šiqqatum*
$ŠAG_4$ siehe ŠÀ
ŠAḪ = *šaḫûm*
$ŠAKKANA_6^?$ ($GÌR.NITA(Ḫ)_2$) = *šakkanakkum*
ŠÁM = *šīmum* „Kaufpreis“
ŠAMÁN.LÁ = *šamallûm*
ŠANABI = *šinip; šittān*
ŠANDANA (gal+ni) = *šandanakkum*
ŠE (auch ŠE.UM, ŠE.IM) = *ûm* (alternativ: *šeʾum*); *uṭṭatum*
ŠE.BA = *iprum*
ŠE.GIŠ.Ì (auch ŠE.Ì.GIŠ [in Mari]) = *šamaššammū*
ŠE.KIN.KUD = *Addarum*
ŠE.NUMUN siehe NUMUN
ŠEŠ = *aḫum*
ŠIM (auch ŠIMĪGAR, ŠIM+GAR) = *sirāšûm*
ŠITIM = *itinnum*
ŠU = *qātum*
ŠU.DÙ(.A) = *šīzum*
[udu]ŠU.GI.NA = *šuginûm*
[mí]ŠU.GI4 = *šugītum*
(lú)ŠU.ḪA (oder: $ŠU.KU_5$) = *bāʾerum*
ŠU.I = *gallābum*
ŠU.NUMUN.NA = *Dumuzi*
ŠU.SI = *ubānum*
ŠU ... TI = *leqûm*
ŠUKU = *kurummatum*
ŠUR[?] = *maṣraḫum*
ŠUŠ = *šeššat; šuduš; šuššum*
ŠUŠANA = *šuššān*

TAB in TAB.BA = *tappûm*

TÁR siehe EŠ$_4$.TÁR
^{lú}TIBIRA (urudu+nagar) = *gurgurrum*
TE siehe ENSÍ (pa+te+si)
TI siehe ŠU ... TI
TIL = *gamārum*
TIR siehe GIŠ.TIR
TU siehe MAR.TU
TÚG (= Zeichen ku) = *ṣubātum*
^{lú}TÚG = *ašlākum*
$^{(giš)}$TUKUL (= Zeichen ku) = *kakkum*
TUR (= Zeichen dumu) = *ṣuḫārum*

U = *ešer*
Ú = *šammum*
Ú.DÚL = *utullum*
Ú.SAL = *ušallum*
U$_4$ siehe UD
U$_8$ = *laḫrum*;
U$_8$.UDU.ḪI.A (lies alternativ USDUḪA) = *ṣēnū/ṣēnum*
UBUR = *tulûm*
UD/U$_4$ = *ūmum*
UD.KÚR.ŠÈ = *ana/ina warkīt/warkiāt ūmim/ūmī*
UD.UNUG^{ki} = *Larsa*
UD siehe auch ^{íd}BURANUN (= ud+kib+nun)
UD siehe auch KISLAḪ (= ki+ud)
UD siehe auch BABBAR (ud)
UD siehe auch UTU (ud)
UD siehe auch ZABAR (ud+ka+bar)
UD siehe auch ZIMBIRki (ud+kib+nunki)
UDU = *immerum*
ÙG siehe UN
UGNIM = *ummānum*
UGULA (= Zeichen pa) = *waklum*
UḪ = *tuḫḫum*
UKKIN = *puḫrum*
UKÙ siehe UN
UM in UM.MI.A = *ummiānum*
UN (oder UKÙ oder ÙG) = *nišū*
UN siehe auch KALAM (un)
UNUG^{ki} = *Uruk*
UR in UR.BAR.RA = *barbarum*
UR.MAḪ = *nēšum*
UR.SAG = *qarrādum*
ÙR siehe GIŠ.ÙR
UR$_5$ (= Zeichen ḫar) = *ḫašûm*
UR$_5$.RA = *ḫubullum*
URIM(šeš+ab)^{ki} = *Ur*
URU = *ālum*
URUDU = *werûm*
URUDU siehe auch ^{lú}TIBIRA (urudu+nagar)
ÚS in ÚS.SA.DU = *itûm, itā*
$^{(kuš)}$USÀN = *qinnāzum*
USSU = *samāne*
UŠÙ = *šalāšā*
UTU = *šamšum*
^{d}UTU = *Šamaš*
UTU siehe auch UD
UZU = *šīrum*

ZA in ^{na4}ZA.GÌN = *uqnûm*
ZABAR (ud+ka+bar) = *siparrum*
ZAG = *imittum*
ZÉ = *martum*
ZI in ZI(.GA) = *tibûtum*
^{mí}ZI.IK.RUM/RU.UM = *sekretum*
ZIMBIR^{ki} (ud+kib+nunki) = *Sippar*
ZIPAḪ (= Zeichen maš) = *ūṭum*
ZÍZ.A.AN = *Šabāṭum*
ZU siehe A.ZU; ^{d}EN.ZU
ZÚ (= Zeichen ka) = *šinnum*
ZÚ.LUM(.MA) = *suluppum*

Determinative

Vorbemerkung: Determinative (→ 1.3.1) stehen überwiegend vor dem Bezugswort und werden in der Umschrift hochgestellt, z.B. ^{d}*Ištàr* „(die Göttin) Ischtar".

I (oder ^{m}) vor (männlichen) Personennamen

d (Abkürzung für: dingir) vor Götternamen
dug vor Gefäßbezeichnungen (Gefäßen aus Ton)

f (= femininum), *siehe* mí

gi vor Gegenständen aus Schilf(rohr)
giš vor Gegenständen aus Holz

I, siehe erste Zeile der Auflistung (römische Ziffer für „1")
íd vor Flussnamen
iku *nach* Flächenmaßen
iti/itu vor Monatsnamen

kam/kám *nach* Zahlausdrücken
ki *nach* Ortsnamen
ku_6 *nach* Fischbezeichnungen
kur vor Namen für Länder oder Berge
kuš vor Gegenständen aus Leder

lú vor Volks(gruppen)- oder Berufsbezeichnungen

m (= maskulinum), *siehe* I (römische Ziffer für „1")
mí (oder ^{f}), munus vor weiblichen Personennamen und Berufsbezeichnungen
mul vor Stern- und Planetennamen
munus, *siehe* mí
mušen *nach* Vögelnamen

na_4	vor Steinbezeichnungen
síg	vor Fabrikaten aus Wolle
túg	vor Kleidern und Textilien
ú	vor Pflanzennamen
udu	vor Bezeichnungen für Schafe oder Ziegen
uru	vor Stadtnamen und anderen Ortsnamen
urudu	vor Metallgegenständen
uzu	vor Körperteilen

Akkadisch-deutsches Glossar

A

abārum (**G** umarmen); **D** beschuldigen
abbuttum die Haartracht der Sklaven
abšānum Joch
abūbum Sintflut
abullum Stadttor (fem.)
abum Vater (unregelmäßiger Pl. *abbū*)
adārum (a/u) sich fürchten
adārum (a/u) fürchten, Ehrfurcht haben; verehren
adi Präp.: bis, einschließlich; Subj.: bis, solange
agārum (a/u) mieten (Personen, Tiere, Schiffe u.a.)
aḫātum Schwester (unregelmäßiger Pl. *aḫḫātum*)
aḫāzum (a/u) **G** nehmen; heiraten; **Gt** einander anfassen; **Š** erfassen lassen = belehren
aḫum Bruder (unregelmäßiger Pl. *aḫḫū*)
ai (= *aj*), *ē* Negation (Vetitivpartikel; → 7.3.1)
ajjum, ajjûm welcher?
ajjumma welcher auch immer
akālum **G** (Prät. *īkul*, Präs. *ikkal*) essen **Š** essen lassen, speisen, ernähren, füttern
aklum Brot, Speise
alaktum Gang, (Lebens)wandel (Verb *alākum*)
alākum (a/i) **G** gehen (Präs. *illak*, Prät. *illik*); **Gt** weggehen
alālum, siehe *ḫalālum*$_1$
alpum Rind, Ochse
ālum Stadt
amārum (a/u) sehen
ammatum Ellbogen, Unterarm; oft im Dual
amtum Dienerin, Sklavin
ana zu, nach, für (Präp.)
anāku ich (→ 4.1)
ana mīnim, ammīni(m) warum

ana ramānī-šu	für/zu sich, für sich allein
ana šimtim alākum	sterben (wörtlich: zum Schicksal gehen)
anāku	ich
annikīam	hier
annûm	dieser
anumma	nun, nunmehr
apālum (a/u)	antworten; begleichen, zurückzahlen
appum	Nase
arākum (i/i)	**G** lang sein; **D** lang machen, verlängern
arārum (a/u)	verfluchen
ardum, siehe *wardum*	
arḫiš	schnell
arkum	lang
arnum	Schuld, Unrecht, Sünde; Strafe
asûm	Arzt (sumer. Lehnwort: A.ZU)
ašrum	Ort, Stelle; St.cs. *ašar* wo (auch immer)
aššatum	Gattin
aššum	Präp.: wegen, um — willen, was betrifft; Subj.: weil
atta, atti	du (mask. / fem.) (→ 4.1)
attunu, attina	ihr (mask. / fem.) (→ 4.1)
awātum	Wort, Angelegenheit (später: *amātu*)
awīlum	Mensch, Mann (später: *amī/ēlu*)
awīlūtum	Menschheit

B

bābum	Tor, Tür
bakûm (i)	weinen, klagen
balālum (a/u)	**G** vermischen, vermengen; **Dt** vermischt werden
balāṭum (u/u)	**G** leben; **D** lebendig machen
balāṭum	(das) Leben
balṭum	lebendig
balum	ohne
bānium, bānûm	Schöpfer
banûm (i)	schaffen, bauen
baqārum (a/u)	einen Anspruch geltend machen, einen Prozess führen
bāštum	Schamhaftigkeit, Würde
bašûm	**G** sein (Präs.ibši, Prät. ibašši); **N** entstehen
bašûm (i)	**G** sein, existieren; **Š** ins Dasein rufen, erzeugen, erschaf - fen; **N** entstehen, ins Sein treten
bēltum	Herrin
bēlum	Herr
biltum	Last (Verb *wabālum*)
birkum	Knie; Dual *birkān*
bīrum	Opferschau

bīšum	Hab und Gut, Habe (abgeleitet vom Verb *bašûm* „sein“)
bītum	Haus (mask. Genus; Pl. *bītātum*)

D

dabābum (u/u)	sprechen, reden
dajjānum	Richter
dajjānūtum	Richtertum, Richteramt
dâkum (ū)	**G** töten; **Š** töten lassen; **N** getötet werden
dalālum (a/u)	preisen, singen
damqum	gut (< *damiqum*; fem. *damiqtum*)
dāmum	Blut (oft im Pl.)
danānum (i/i)	**G** stark, mächtig sein; **D** stark machen; be-, verstärken
danniš	sehr, überaus
dannum	stark, mächtig
dânum, siehe *diānum*	
dāriš	auf Dauer, auf immer (vgl. *dārum*)
dārium, dārûm	dauernd, ewig
dārum	Dauer, Ewigkeit
diānum, dânum (ī)	richten
dimtum	Träne; oft im Dual: *dimā-šu* seinen (beiden) Tränen(flüsse)
dīnum	Rechtsspruch, Prozess; Pl. mask. und fem. (*dinātum*)
dullum	Mühe, Mühsal, Arbeit
dūrum	Mauer

E

ē, aj	Negation (Vetitivpartikel)
ebbum	rein (Verb *ebēbum*)
ebēbum (i/i)	rein sein/werden
edēlum (i/i)	verschließen, (Tür) verriegeln
edēšum (i/i)	**G** neu sein/werden; **D** erneuern
edûm (e)	(auch: *idûm*) wissen; Prät. *īde* „er/sie weiß“
ekallum (oder: *ēkallum*)	Palast (eigentlich: großes Haus)
eleppum	Schiff (fem. Genus)
eli	auf, über (Präp.)
eliš	oben
Ellilūtum	Enlil-Würde
ellum	(kultisch) rein
elûm (i)	auf-, emporsteigen; **Gt** + *ina*: einer Sache verlustig gehen; **D** erhöhen; **Š** hochsteigen lassen, hinaufbringen
emēdum (a/u und *i/i)*	anlehnen; jemandem etwas auferlegen (mit zwei Akkusativen)
emqum	geschickt, weise, schlau
enēqum (i/i)	**G** saugen; **Š** säugen

enšum	schwach
entum	*Entum*-Priesterin; von hohem Rang (sumer. Lehnwort)
enûm (i)	umwenden, ändern
eperum, eprum	Staub [hebr. *ʿāpār*]
*epēšum (*a/u, u/u)*	machen, tun; mit *pûm* „Mund“: einen Ausspruch tun, zu sprechen beginnen
epištum	Werk, Tat
eprum, siehe *eperum*	
epšu, siehe *ipšu*	
eqlum	Feld (Pl. *eqlētum*)
erēbum (u/u)	**G** eintreten; **Š** eintreten lassen, hineinbringen
erēšum A *(i/i)*	wünschen, fordern, verlangen
erēšum B *(i/i)*	(Feld) bestellen, pflügen
errēšum	Landwirt, Bauer
erretum	Fluch (Verb *arārum*)
erṣetum	Erde
eršum	verständig, weise, klug
erûm	Adler, Geier
eṣemtum	Knochen, Pl. *eṣmētum*
ešērum (i/i)	**G** in Ordnung sein, kommen; **Š** in Ordnung bringen; $\mathbf{Št_1}$ = passiv zu Š; $\mathbf{Št_2}$ in Ordnung halten
ešrum	zehn
eṭērum (i/i)	wegnehmen, retten
eṭlum	jung; junger Mann, Pl. *eṭlūtum*
ewûm (i)	werden zu
ezēbum (i/i)	**G** verlassen, hinterlassen; **Š** kausativ
ezzum	zornig, wütend

G

gamalum (i/i)	(Gutes) vergelten, einen Gefallen tun; verschonen
gamārum (a/u)	zu Ende bringen, vollenden; erledigen
gašīšum	Pfahl
gigunûm	Hoch-, Terassentempel
gimrum	Gesamtheit
gitmālum	vollkommen, perfekt (Verb *gamālum*)
gullubum	**D** scheren, rasieren

Ḫ

ḫabālum (a/u)	Gewalt, Unrecht (an)tun
ḫabātum (a/u)	rauben, plündern
ḫadûm (u)	**G** sich freuen (Stativ ḫadi); **D** erfreuen
ḫalālum$_1$ *(a/u)*	(Variante: *alālum*) hängen, aufhängen
ḫalālum$_2$	**N** (*naḫallulum*) kriechen (→ 13.1)

ḫalāqum (i/i)	**G** verschwinden, zugrunde gehen, fliehen **D** vernichten, zugrunde richten
ḫalqum	entflohen, verloren (Verb *ḫalāqum*)
ḫapādum, siehe *ḫuppudum*	
ḫarrānum	Weg, Pfad; Karawane, Expedition
ḫarbum	Wüste, Einöde
ḫarimtum	Prostituierte
ḫaṭṭum	Stab, Szepter (Pl. *ḫaṭṭātum*)
ḫaṭûm (i)	sich verfehlen, sündigen [hebr. *ḥṭ*ʾ]
ḫiārum	(aus)wählen
ḫīrtum	(„auserwählte“, gleichrangige) Gattin
ḫulqum	verlorenes Gut
ḫuppudum	(das Augenlicht) „auslöschen“ / zerstören, blenden
ḫubtum	das Geraubte, das Diebesgut (Verb *ḫabātum*)
ḫurāṣum	Gold

I

idum	Arm, Seite
idûm, siehe *edûm*	
iltum	Göttin (Fem. zu *ilum* „Gott“)
ilum	Gott (Pl. *ilū*, *ilānu*)
imērum	Esel
immerum	Schaf
ina	in, an; mit, durch; aus (Präp.)
inanna	jetzt, nun; wohlan (< *ina* + *anna*)
īnum	Auge
inūma	als, wenn
ipšum	Tat, Werk; zusammen mit *pûm* „Ausspruch des Mundes“
iṣṣūrum	Vogel
iṣum	Holz, Baum (unregelmäßiger Pl. *iṣṣū*)
išātum	Feuer (Pl. *išātātum*)
išdum	Fundament (wird oft im Dual verwendet)
ištu	aus, von, seit; als, nachdem (jB Form: *ultu*)
išûm (u)	haben (nur Prät. *īšu*)
itinnum	Baumeister, Haus-Konstrukteur.
itti	mit, bei (Präp.); bei Verben des Nehmens auch „von“
ittum	Zeichen, Markierung
itūlum, *utūlum*	liegen, schlafen (vgl. Verb *niālum*; → 13.6)
izuzzum, *uzuzzum*	stehen, sich hinstellen, hintreten (→ 13.5)

K

kabattum	Leber, Bauch [hebr. *kābēd*]
kabātum (i/i)	**G** schwer sein/werden; **D** schwer machen; ehren

kabtum	schwer, gewichtig, angesehen
kadrum	angriffsbereit, aggressiv
kajjāniš	ständig
kakkabum	Stern
kakkum	Waffe
**kalālum*, siehe *šuklulum*	
kalbum	Hund [hebr. *kælæb*]
kalûm	alles, Ganzes, Gesamtheit
kalûm (a)	**G**, **D** zurückhalten, halten, einschließen
kamārum (a/u)	**G**, **D** aufschichten, aufhäufen
kamûm (i)	binden, fesseln
kânum (ū)	**G** fest / wahr sein; dauerhaft sein; **D** dauerhaft machen, fest machen; (gerichtlich) überführen
kapādum (u/u)	planen, aushecken
karābum (a/u)	**G** beten, flehen; segnen, grüßen; **Gt** inbrünstig beten
kartappum	Tiertreiber, Pferdeknecht
kaṣāru (a/u)	(ver)knoten; organisieren
kašādum (a/u)	erreichen, ankommen, erobern
kaspum	Silber
kīam	so, folgendermaßen
kibrum	Ufer, Rand; Plural fem.: die (vier) Weltufer
kīma	Präp.: wie Subj.: sobald, als; wenn; dass; wie
kimtum	Sippe, Großfamilie
kinātum, siehe *kittum*	
kīnum	dauerhaft, wahr
kirûm	Obstgarten, Dattelhain (sumer. Lehnwort)
kišpum	Zauber, Hexerei [hebr. *kæšæp*]
kiššatum	Gesamtheit, Welt
kittum	Wahrheit, Rechtschaffenheit, Gerechtigkeit (Pl. *kīnātum*)
kunukkum	Siegel
kussûm < **kussium*	Stuhl, Thron (sumer. Lehnwort)

L

lā	Negation (→ 6.6)
labāšum (a/a)	**G** sich bekleiden mit (Akkus.); **Gt** gekleidet sein **D** (jmdn.) bekleiden; **Š** bekleiden, verkleiden
labīrum	alt
lāma	vor, bevor
lamādum (a/a)	**G** lernen, erfahren; **D** unterrichten, lehren
lapātum (a/u)	**G** berühren, angreifen; **Š** vernichten, zerstören
lawûm (i)	umgeben, umzingeln
lemnum	böse, schlecht

lemuttum	Böses, Schlechtes
leqûm (e)	nehmen
leʾûm (e/e bzw. *i/i)*	können, vermögen
lēʾûm	mächtig, gewaltig
libbum	Herz, Inneres
libittum	Ziegel(stein) (< *libintum*; Pl. *libnātum*)
lišānum	Zunge, Sprache
lū$_1$	Wunschpartikel
lū$_2$	Beteuerungspartikel: gewiss, fürwahr, wirklich
lū$_3$	
lū . . . lū	entweder . . . oder
ū lū	oder

M

-ma	hervorhebende bzw. verbindende Partikel (→ 6.7)
mādum	viel, zahreich
mādiš	sehr
mâdum, maʾādum	viel, zahlreich sein
magārum (a/u)	**G** einwilligen, zustimmen, übereinstimmen (ähnlich **N**); **Gt** einander zustimmen, vereinbaren; sich einigen mit
maḫārum (a/u)	**G** gegenübertreten; empfangen; **Gt** einander gegen übertreten, sich begegnen, einander angreifen
maḫāṣum (a/a)	schlagen
maḫ(a)riš	(hin) vor
maḫrum	Vorderseite (vgl. *maḫārum*) *ina maḫar*: vor, in Gegenwart von
maḫrûm	erster, früherer
makārum	Geschäfte machen, Handel treiben [hebr. *mkr* „verkaufen"]
makkūrum	Besitz, Vermögen (Verb *makārum*)
mala	was/soviel auch immer
malāḫum	Schiffer, Seemann (sumer. Lehnwort: MÁ.LAḪ$_5$)
malākum (i/i)	Rat halten, diskutieren
malûm (a)	**G** voll sein, anfüllen; **D** anfüllen; voll machen, voll bezahlen
malûm	Fülle
māmītum	Eid, Schwur
mamman	irgendjemand (mit Negation: niemand)
manāʾum, siehe *manûm*	
mannum	wer?
manûm (u)	zählen, rechnen; rezitieren
manûm, manāʾum	Gewichtseinheit Mine (Wortzeichen MA.NA)
maqātum (u/u)	**G** fallen, (in sich) zusammenfallen; **Š** fallen lassen, herabschicken
marāṣum (a/a)	krank, beschwerlich sein/werden

marṣum	krank, beschwerlich; schwer, heftig (fem. *maruštum* < *maruṣtum*)
martum	Gallenblase
mārtum	Tochter
mārum	Sohn
maruštum, siehe *marṣum*	
mārūtum	Sohnschaft (Abstraktum zu *mārum*)
mašqītum	Wasserstelle(n) (Verb *šaqûm*)
mati	wann?
mātum	Land (fem.), Pl. *mātātum*
mâtum (ū)	**G** sterben; **Š** zu Tode bringen, töten
mātum	Land (fem.), Pl. *mātātum*
mēgûtum	Achtlosigkeit, Fahrlässigkeit, Faulheit“ (Verb *egûm*)
mēreštum$_1$	Wunsch, Bedarf
mēreštum$_2$	(An-)Pflanzung, Anbau
merītum	Weideland
Meslam	ein Tempelname
-mi	Marker der wörtlichen Rede
milkum	Rat, Beratung
mimma	was auch immer (mit Negation: nichts); → 7.5.
mimma šum-šu	alles Mögliche; alles, was (eigtl.: was immer sein Name ist)
mīnum, minûm	was?
mīšarum	Gerechtigkeit
mišlum	Hälfte, Mitte (Verb: *mašālum* „gleich sein“) [vgl. hebr. *mšl* Nif. „gleich sein“]
mitḫāriš	zusammen, miteinander, zu gleichen Teilen (vgl. *maḫrum* und *maḫārum*)
mītum	tot; der Tote (substantiviert)
mû	Wasser (Plurale tantum)
muḫḫum	Schädel, Kopf; Oberseite; *ina muḫḫi* „auf“
murṣum	Krankheit
mušēniqtum	Amme (*enēqum* Š Part.)
muškēnum	eine soziale Schicht / Klasse: „Armer“ (zwischen *awīlum* [freier Bürger] und *wardum* [Sklave])
muštālum	umsichtig, klug, verständig
mūšum	Nacht
muttum	Vorderseite; *ina mutti-* vor
mutum	(Ehe-)Mann
mūtum	Tod

N

nabalkutum	**G** überschreiten, rebellieren; **Š** zur Rebellion veranlassen (→ 13.2.2)

nabûm (i)	nennen, benennen, ernennen, berufen
nadānum (i/i)	geben
nādinānum	Geber, Verkäufer
nadûm (i)	werfen; hinlegen, niederlegen
nakādum (u/u)	Herzklopfen bekommen, (Herz) klopfen
nakarum	Fem. *nakartum*: fremd, feindlich
nakārum (i/i)	**G** anders, fremd, feindlich sein/werden; **D** ver-, abändern
nakāsum (i/i)	abschneiden, fällen
nakrum	feindlich, fremd; Feind
namkūrum	Besitz, Eigentum
napāḫum (a/u)	**G** blasen; **N** sich entzünden, entfacht werden (Feuer)
napalkûm	weit werden (→ 13.2.2)
napalsuhum	niederfallen (→ 13.2.2)
naparkûm (u)	aufhören, stoppen, Arbeit niederlegen (→ 13.2.2)
naparšudum	fliehen (→ 13.2.2)
napḫarum	Gesamtheit, Summe
napištum	Seele, Leben, (das) Selbst
naplusum	**N** erblicken, ansehen
naqārum (a/u)	**G** (ähnlich **D**) niederreißen, zerstören
narkabtum	Wagen, Kriegswagen
nārum	Fluss
narûm	Stele (sumer. Lehnwort)
našāqum (i/i)	küssen
našûm (i)	hoch-, erheben; heben, tragen
naṣārum (a/u)	bewachen, bewahren, beschützen
naṭālum (a/u)	schauen
nawārum (i/i)	**G** hell sein, leuchten; **D** erhellen, erleuchten; **ŠD** (sehr stark) erleuchten
nēmequm	Weisheit (vgl. *emqum*)
nepelqûm	hinabgleiten (→ 13.2.2)
nērebtum	(Variante zu nērebum) Eingang, Pass (im Gebirge)
nērebum	Eingang, Pass (im Gebirge)
nērtum	Mord, Tötung
nêrum	(er)schlagen, töten, morden
niālum (a/i) / nâlum (a/a)	sich niederlegen (vgl. *i/utūlum*)
nidittum	Gabe, Geschenk
nīnu	wir (→ 4.1)
nīš qātim	Gebet (wörtlich: „Handerhebung“)
nišū, nīšū	Menschen, Leute (fem. Genus, Plurale tantum)
nīšum	(Eid beim) Leben
nīšum	Erhebung (von *našûm*) *nīš qātim*: Gebet (eigtl.: „Handerhebung“)
nuḫšum	Fülle
nukurtum	Feindschaft; *māt nukurtim* „feindliches/fremdes Land“
numātum	bewegliche Habe

nūnum	Fisch
nūrum	Licht

P

paḫārum (u/u)	**G** sich versammeln; **D** versammeln, zusammenbringen
palāḫum (a/a)	fürchten, Angst haben; (einen Gott) verehren
palāsum, siehe *naplusum*	
palāšum	bohren, ein Loch reißen, (Mauerwerk) durchbrechen
pānum	Vorderseite; Pl. Gesicht; *ina pān(i)* vor
paqādum (i/i)	übergeben, anvertrauen, sich kümmern
parākum (i/i)	quer legen, versperren, blockieren
parāsum (a/u)	(ab)trennen, entscheiden
parāʾu (a/u)	aufschneiden, (Blutgefäße) aufschlitzen
pašāḫu (a/a)	ruhen, zur Ruhe kommen
pašāḫiš	auf ruhige Weise
pašārum	**G** frei lassen, befreien; lösen, eine Deutung vornehmen; **N** sich lösen
pašāšum (a/u)	sich einölen, sich salben
pašāṭum (i/i)	tilgen, auslöschen
paṭārum (a/u)	auslösen (z.B. einen Sklaven aus der Sklaverei), freikaufen
petûm (e)	öffnen
piāqum, siehe *puqqum*	
pilšum	Loch, Durchbruch-Stelle (des Mauerwerks)
puḫrum	Versammlung
puluḫtum	Angst, Furcht (Pl. *pulḫātum*)
pûm, pīum	Mund (Status constr. *pī*)
puqqum	**D** aufmerken, aufmerksam zuhören (vgl. *piāqum* „eng machen“)
purussûm / purussāʾum	Entscheidung
pušqum	Enge, Not

Q

qablum	Kampf, Krieg
qabûm (i)	sagen, sprechen
qadu(m)	zusammen mit, nebst
qâlum (ū)	aufpassen, Acht geben (Dat. = auf jmdn.); schweigen
qaqqadum	Schädel, Kopf
qaqqarum	Erdboden, Terrain, Erde
qarnum	Horn (Du. *qarnā/īn*)
qātum	Hand
qaʾ/wûm, siehe *quʾʾûm*	
qebērum (i/i)	begraben
qēmum	Mehl

qerbum	Mitte, Inneres
qerēbum (i/i; a/a)	sich nähern
qûm	ein Gefäß und Hohlmaß (= 1/10 *sūtum*, ca. 1 l)
qurādum	Held, Krieger
quʾʾûm, quwwûm	(**D**) warten, erwarten

R

rabium/rabûm	groß
rabûm (i)	**G** groß sein/werden; **D** groß machen, aufziehen **Š** groß machen
ragāmum (a/u; u/u)	rufen, schreien; gerichtlich klagen
ramānum	selbst; mit Pronominalsuffix entspricht es dem Reflexivpronomen
rapāšum (i/i)	**G** breit sein/werden; **D** verbreitern, erweitern
**rašādum*, siehe *šuršudum*	
rašûm (i)	erwerben; bekommen, erhalten
redûm (e, i)	geleiten, führen, begleiten
rêqum (ē)	fern sein
rēšum	Kopf; Beginn
rēʾûm	Hirte
rēʾûtum	Hirtentum
riābum, râbum (ī)	ersetzen, vergelten
riāšum, râšum (ī)	**G** jauchzen; **D** zum Jauchzen bringen
rigmum	Stimme, Geschrei
riksum	Band; Bündnis, Vertrag; fem. Plur. *riksātum*
rīmum	Wildstier
rittum	Hand
rubāʾum, rubûm	Fürst

S

saḫārum (u/u)	sich wenden, herumgehen; suchen
salāmum (i/i)	freundlich, friedlich sein/werden
sanāqum (i/i)	**G** prüfen; (her)ankommen; **D** prüfen, kontrollieren
sapāḫum (a/u)	zerstreuen, auseinandertreiben
sapḫum	zerstreut
saqārum, siehe *zakārum*	
sarrātum	Lüge, Verbrechen (Plural fem.)
sarrum	falsch, verbrecherisch
sattukkum	regelmäßige Lieferung, regelmäßiges Opfer (sumer. Lehnwort)
simmum	Wunde
simtum	was sich geziemt; Zugehöriges, Angemessenes; gutes Wesen

	(vom Verb: *wasāmum*)
sinništum	Frau (St. abs. *sinniš*)
siqrum, siehe *zikrum*	
sisûm	Pferd [hebr. *sūs*]
suluppū [Pl.]	Datteln
sūqum	Straße
sūtum	ein Gefäß und Hohlmaß (ca. 10 l); St. abs. *sūt* oder *sât*; Pl. *sâtum*

Ṣ

ṣabātum (a/a)	**G** packen, greifen, nehmen; **Gt** miteinander ringen **N** = passiv zu G
ṣābum	Leute, Soldaten (Kollektiv)
ṣalālum (a/a)	sich niederlegen, liegen; schlafen
ṣalmum	Bildnis, Bild, Statue
ṣeḫērum (i/i)	klein, jung sein/werden
ṣeḫrum	klein, fem. *ṣeḫertum*; substantiviert: Kleinkind
ṣēnum	Schafe (und Ziegen), Kleinvieh
ṣērum	Rücken, Oberseite; Steppe, offenes Land; *ana ṣēr* „hin zu"; *ina ṣēr* „auf"
ṣibtum	zugewiesener Besitz u. a.
ṣibtum	Zins
ṣīrum	erhaben
ṣubātum	Kleid, Gewand, Stoff

Š

ša	der, welcher (Determinativ-, Relativpronomen: → 7.7)
šâmum, šaʾāmum (ā)	kaufen, erwerben
šadālum (i/i)	G weit, geräumig sein; D erweitern, vergrößern
šadûm	Berg
šaḫûm	Schwein
šakānum (a/u)	**G** setzen, stellen, legen; **Gt** für die Dauer (hin)stellen; **Š** vorhanden sein lassen, wohnen lassen; **N** gesetzt / gestellt / gelegt werden
šaknum	Statthalter (< *šakinum)
šalālum	**N** (*našallulum*) wegkriechen, sich davonschleichen (→ 13.1)
šalāmum (i/i)	**G** heil, gesund sein/werden; **D** gesund machen, heilen; vollständig machen, voll bezahlen
šalûm (i)	eintauchen (intransitiv, in etwas = Akkusativ)
šâlum, šaʾālum (ā)	fragen, bitten, fordern

šaluštum Drittel
šammum Pflanze
šamnum Öl, Fett
šamû, šamāʾū Himmel (Plurale tantum)
šâmum, siehe *šaʾāmum* und *šiāmum*
šanītam zweitens, ferner (vgl. *šanûm*)
šanûm zweiter, anderer (fem. *šanītum*)
šapākum (a/u) ausgießen, (Metall) gießen; schütten [hebr. *špk*]
šapārum (a/u) schicken, schreiben
šaqālum (a/u) (ab)wiegen, (be)zahlen
šaqûm (i) zu trinken geben, tränken
šarākum (a/u) schenken
šarāqum (i/i) stehlen
šarrāqum Dieb
šarratum Königin (fem. zu *šarrum*)
šarrum König
šarrūtum Königtum
šarûm reich
šasûm (i) schreien, rufen, laut lesen (Prät. *issi*, *išsi;* Imp. *tisi* [→ 13.5])
šāt, šât siehe *ša* (→ 7.7)
šattum Jahr (< *šantum*; Pl. *šanātum*)
šatûm (i) trinken
šaṭārum (a/u) schreiben
šebērum (i/i) brechen, zerbrechen
šebrum gebrochen, zerbrochen (Verbaladj. zu *šebērum*), Fem. *šebirtum*
šemûm (e) **G** hören, gehorsam sein; **Š** hören lassen, vortragen; hörig / untertan machen
šeʾum, siehe *ûm* (Getreide, Gerste)
šebûm (e) **G** sich sättigen, satt werden; **D** sättigen
šēpum, šīpum Fuß, Bein; Dual *šepān*
šerʾānum Band, Ader, Sehne
šeriktum Geschenk; Mitgift, Aussteuer (Verb *šarākum*)
šeʾûm suchen (→ 13.4)
šī sie (→ 4.1)
šiāmum, šâmum (ī) festsetzen, bestimmen
šībum graues Haar, alter Mann, Zeuge (Pl. *šībū* „Zeugen" und *šībūtum* „die Ältesten")
šībūtum Alter, Zeugenschaft
šikarum Rauschgetränk, Bier
šīmtum Schicksal
šīmum Kauf, Kaufpreis (Verb *šâmum* / *šaʾāmum* „kaufen")
šina sie (Pl. fem.) (→ 4.1)
šināti (selbständiges Personalpronomen) (→ 4.1)

šiprum	Arbeit, Werk
šīpum, siehe *šēpum*	
šiqlum	Schekel (Gewichtseinheit, ca. 8 g)
šīram ṭubbum	erfreuen
šīrum	Fleisch, Leib
šittān	zwei Drittel (2/3)
šittum	Schlaf
šū	er (→ 4.1)
šubtum	Sitz, Wohnsitz
šuḫarrurum	totenstill sein, werden (→ 13.2.1)
šukênum (< šuka$^{??}$*unum)*	sich niederwerfen (Proskynese) (→ 13.2.1)
šuklulum	**Š** vollenden, fertig stellen
šulmum	Gesundheit, Heil
šuluḫḫum	Handwasch-, Reinigungskult
šumma	wenn
šumruṣum	sehr schmerzlich, krank
šumum	Name
šunu	sie (mask.) (→ 4.1)
šuparrurum	ausbreiten (→ 13.2.1)
šupêlum (< šupa$^{??}$*ulum)*	tauschen, vertauschen (→ 13.2.1)
šuqallulum	hängen (→ 13.2.1)
šuqammumum	ganz still sein, werden (→ 13.2.1)
šūqurum	kostbar
šurqum	Diebstahl, Gestohlenes
šuršudum	**Š** fest gründen
šūrum	Stier
šūt	siehe *ša* (→ 7.7)
šuttum	Traum, Pl. *šunātum*

T

tāḫāzum	Kampf, Krieg (Verb *aḫāzum*)
takālum (a/a)	vertrauen
tamḫārum	Kampf, Schlacht
tamkārum	Kaufmann (Verb *makārum*)
tappûm	Partner, Gefährte
tappûtum	Partnerschaft
tarāṣum (a/u)	**G** ausstrecken; **Š** ~ **G** (Finger) ausstrecken
târum (ū)	**G** sich umwenden, zurück-, umkehren; **D** zurückbringen; machen zu
tazzimtum	Klage (Verb *nazāmum*)
tebûm (e)	**G** aufstehen, sich aufmachen; **Š** aufstehen lassen, aufheben
têrtum	Weisung, Bescheid; Opferschau-Omen (Pl. *têrētum*)

tillum	(Schutt-)Hügel
tisi, siehe *šasûm*	
tukultum	Vertrauen
tuqumtum	Kampf, Krieg, Schlacht

Ṭ

ṭabāḫum (a/u)	schlachten
ṭābum	gut, schön, angenehm
ṭābiš	auf gute / schöne Weise
ṭarādum (a/u)	(weg)schicken, senden, vertreiben
ṭebûm (u)	**G** sinken, untergehen; **D** (Schiff) versenken
ṭeḫûm (e)	sich nähern, herantreten
ṭēmum	Anweisung, Bescheid; Plan(ung), Vorhaben
ṭiābum, *ṭâbum (ī)*	**G** gut, schön sein/werden; **D** gut, schön machen
ṭīdum, *ṭidd/ṭṭum*	Lehm, Ton, Schlamm
ṭuppum	Tontafel (sumer. Lehnwort); *ṭuppū/ī šīmāti* „Schicksalstafeln“

U

u	und
ū	oder
ū lū	oder (siehe *lu*$_3$)
ul, *ula*	nicht (→ 6.6)
ullûm	jener
ultu, siehe *ištu*	
ûm	(Gen. *îm*, Akk. *âm*) Gerste, Getreide; immer logographisch(?) geschrieben: ŠE-*um*, deshalb traditionell als *šeʾum* gelesen
ūmīšam	täglich (*ūmum*)
umma	so, folgendermaßen (leitet die direkte Rede ein)
ummum	Mutter
ūmum	Tag
urḫum	Weg, Pfad
ūsum	Überlieferung; überliefertes Recht und Gesetz (sumer. Lehnwort)
utūlum, *itūlum*	liegen, schlafen (vgl. Verb *niālum*; → 13.6)
uznum	Ohr; auch: Weisheit (fem. Genus)
uzuzzum, siehe *izuzzum*	

W

waʾārum, siehe *wârum*	
wabālum (a/i)	tragen, bringen
walādum	erzeugen, gebären (Präs. *ullad*, *Prät. ūlid*)
walādum (a/i)	gebären, zeugen
wapûm (i)	**G** sichtbar sein/werden; **Š** deutlich machen, verherr lichen
warādum (a/i)	**G** hinab-, heruntersteigen; **Š** hinabschicken, herunter holen
wardum	Diener, Sklave
warka	danach, hinten auch als Subjunktion (für *warki*): nach, nachdem
warkatum	Rückseite, Hintergrund; Rechtsfall
warki	nach
warqum	grün, Grün
wârum, *waʾārum (-/ī)*	**G** gehen, herangehen; **D** beauftragen, befehlen, übersenden
warûm (u)	führen, leiten
wasāmum	angemessen, passend sein
wašābum (a/i)	sitzen, wohnen
wašṭum	steif, hartnäckig
waṣûm (i)	**G** hinausgehen; **Š** hinausgehen lassen, vertreiben
watārum (i/i)	**G** übergroß sein/werden; **Š** übergroß, überragend
machen	
wuššurum	**D** loslassen, entlassen, wegschicken; **Dt** frei ausgehen

Z

zāʾerum	hassend, Feind
zakārum (a/u)	**G** sprechen, sagen; aussprechen, nennen; **Gt** = **G**
zamārum (u/u)	**G** singen, besingen, **N** besungen werden
zâzum (ū)	(auf-/zu-/ver-)teilen; Anteil nehmen
zērum	Samen
zêrum (ē)	nicht mögen, hassen
zikarum, *zikrum*	Mann, männlich
zikrum / *siqrum*	Erwähnung, Nennung; Rede, Ausspruch; Erinnerung, Gedenken
zittum	Teil, Anteil

Paradigmen

1. Grundstamm: Flexionsparadigmen

Präfigierte Tempusformen

		Präsens	Perfekt	Präteritum
Sg.	3. c.	*iparras*	*iptaras*	*iprus*
	2. m.	*taparras*	*taptaras*	*taprus*
	2. f.	*taparrasī*	*taptarsi*	*taprusī*
	1. c.	*aparras*	*aptaras*	*aprus*
Pl.	3. m.	*iparrasū*	*iptarsū*	*iprusū*
	3. f.	*iparrasā*	*iptarsā*	*iprusā*
	2. c.	*taparrasā*	*taptarsā*	*taprusā*
	1. c.	*niparras*	*niptaras*	*niprus*

Stativ

Sg.	3. m.	*paris*	Pl.	*parsū*
	3. f.	*parsat*		*parsā*
	2. m.	*parsāta*		*parsātunu*
	2. f.	*parsāti*		*parsātina*
	1. c.	*parsāku*		*parsānu*
Dual	3. c.	*parsā*		

Imperativ

Sg.	m.	*purus*	*ṣabat*	*limad*	*rupud*	*piqid*
	f.	*pursī*	*ṣabtī*	*limdī*	*rupdī*	*piqdī*
Pl.	c.	*pursā*	*ṣabtā*	*limdā*	*rupdā*	*piqdā*

Prekativ / Kohortativ

Sg.	3. c.	*liprus*
	1. c.	*luprus*
Pl.	3. m.	*liprusū*
	3. f.	*liprusā*
	1. c.	*i niprus*

Bemerkung: Es gibt keinen fientischen Prekativ für die 2. Personen!

Partizip

Sg.	m.	*pārisum (-im, -am)*
	f.	*pāristum (-im, -am)*
Pl.	m.	*pārisūtum (-im)*
	f.	*pārisātum (-im)*

Infinitiv

parāsum (-im, -am)

Subordinativ

Präteritum mit Subordinativ:

	Singular	Plural
3. c./m.	*iprus-u*	*iprusū*
3. f.		*iprusa*
2. m./c.	*taprus-u*	*taprusā*
2. f.	*taprusī*	
1. c.	*aprus-u*	*niprus-u*

Präsens mit Subordinativ:	Sg. *iparras-u*; *taparras-u, taparrasī, aparras-u* Pl. *iparrasū, iparrasā* (etc.)
Perfekt mit Subordinativ:	Sg. *iptars-u*; *taptars-u, taptarsī, aptars-u* Pl. *iptarsū, iptarsā* (etc.)
Stativ mit Subordinativ:	Sg. *pars-u* (sonst wie Formen ohne Subord.: *parsat*, etc.)

Ventiv

Präteritum mit Ventiv:

	Singular	Plural
3. c./m.	*iprus-am*	*iprusū-nim*
3. f.		*iprusā-nim*
2. m./c.	*taprus-am*	*taprusā-nim*
2. f.	*taprusi-m* (< *taprusī* + *m*)	
1. c.	*aprus-am*	*niprus-am*

Perfekt mit Ventiv:

	Singular	Plural
3. c./m.	*iptars-am*	*iptarsū-nim*
3. f.		*iptarsā-nim*
2. m./c.	*taptars-am*	*taptarsā-nim*
2. f.	*taptarsi-m*	
1. c.	*aptars-am*	*niptars-am*

Imperativ mit Ventiv: *pursam*, *pursim*, *pursānim*.

Stativ mit Ventiv: *pars-am* (3.m.sg.); *parsū-nim* (3.m.pl.); *parsā-nim* (3.f.pl.).

Verb mit Objektsuffixen (Beispiel *nadānum*, Präteritum)

		Akkusativ	Dativ
Verb im Singular „er gab ...“:			
Sg.	1. c.	*iddin-an-ni*	*iddin-am*
	2. m.	*iddin-ka*	*iddin-(ak)-kum*
	2. f.	*iddin-ki*	*iddin-(ak)-kim*
	3. m.	*iddin-šu*	*iddin-(aš)-šum*
	3. f.	*iddin- ši*	*iddin-(aš)-šim*
Pl.	1. c.	*iddin-niāti*	*iddin-(an)-niāšim*
	2. m.	*iddin-kunūti*	*iddin-(ak)-kunūšim*
	2. f.	*iddin-kināti*	*iddin-(ak)-kināšim*
	3. m.	*iddin-šunūti*	*iddin-(aš)-šunūšim*
	3. f.	*iddin-šināti*	*iddin-(aš)-šināšim*
Verb im Plural „sie gaben ...“:			
Sg.	1. c.	*iddinū-nin-ni*	*iddinū-nim*
	2. m.	*iddinū-ka*	*iddinū-(nik)-kum*
	3. m.	*iddinū-šu*	*iddinū-(niš)-šum*

2. Eckformen der Verbalstämme: Präs., Perf. und Prät.

	Präsens	Perfekt	Präteritum
G *a/u*	*iparras*	*iptaras*	*iprus*
a	*iṣabbat*	*iṣṣabat*	*iṣbat*
u	*irappud*	*irtapud*	*irpud*
i	*ipaqqid*	*iptaqid*	*ipqid*
Gt *a/u, a*	*iptarras*	*iptatras*	*iptarus*
u	*irtaggum*	*irtatgum*	*irtagum*
i	*iptaqqid*	*iptatqit*	*iptaqid*
Gtn *a/u, a*	*iptanarras*	*iptatarras*	*iptarras*
u	*irtanappud*	*irtatappud*	*irtappud*
i	*iptanaqqid*	*iptataqqid*	*iptaqqid*

	Präsens	Perfekt	Präteritum
D	*uparras* (3./1. Sg.)	*uptarris*	*uparris*
Dt	*uptarras* (3./1. Sg.)	*uptatarris*	*uptarris*
Dtn	*uptanarras* (3./1. Sg.)	*uptatarris*	*uptarris*

	Präsens	Perfekt	Präteritum
Š	*ušapras* (3./1. Sg.)	*uštapris*	*ušapris*
Št$_1$	*uštapras* (3./1. Sg.)	*uštatapris*	*uštapris*
Št$_2$	*uštaparras* (3./1. Sg.)	*uštatapris*	*uštapris*
Štn	*uštanapras* (3./1. Sg.)	*uštatapris*	*uštapris*

	Präsens	Perfekt	Präteritum
N *a/u, a, u*	*ipparras*	*ittapris*	*ipparis*
i	*ippaqqid*	*ittapqid*	*ippaqid*
Ntn *a/u, a, u*	*ittanapras*	**ittatapris*	*ittapras*
i	*ittanapqid*	**ittatapqid*	*ittapqid*

3. Eckformen der Verbalstämme: alle Kategorien (außer Perf. und Verbalsubstantiv)

	Präs.	Prät.	Imp.	Ptz.	Inf.	Stat.
G *a/u*	*iparras*	*iprus*	*purus*	*pārisum*	*parāsum*	*paris*
a	*iṣabbat*	*iṣbat*	*ṣabat/limad*			*ṣabit*
u	*irappud*	*irpud*	*rupud*			------
i	*ipaqqid*	*ipqid*	*piqid*			*paqid*
Gt *a/u, a*	*iptarras*	*iptaras*	*pitras*	*muptarsum*	*pitrusum*	*pitrus*
u	*irtaggum*	*irtagum*	*ritgum*			
i	*iptaqqid*	*iptaqid*	*pitqit*			
Gtn *a/u, a*	*iptanarras*	*iptarras*	*pitarras*	*muptarrisum*	*pitarrusum*	*pitarrus*
u	*irtanappud*	*irtappud*	*ritappud*			
i	*iptanaqqid*	*iptaqqid*	*pitaqqid*			

D	*uparras*	*uparris*	*purris*	*muparrisum*	*purrusum*	*purrus*
Dt	*uptarras*	*uptarris*	*putarris*	*muptarrisum*	*putarrusum*	-------
Dtn	*uptanarras*	*uptarris*	*putarris*	*muptarrisum*	*putarrusum*	*putarrus*

Š	*ušapras*	*ušapris*	*šupris*	*mušaprisum*	*šuprusum*	*šuprus*
$Št_1$	*uštapras*	*uštapris*	*šutapris*	*muštaprisum*	*šutaprusu*	-------
$Št_2$	*uštaparras*	*uštapris*	*šutapris*	*muštaprisum*	*šutaprusu*	*šutaprus*
Štn	*uštanapras*	*uštapris*	*šutapris*	*muštaprisum*	*šutaprusu*	*šutaprus*

N *a/u, a, u*	*ipparras*	*ipparis*	*napris*	*mupparsum*	*naprusum*	*naprus*
i	*ippaqqid*	*ippaqid*				
Ntn *a/u, a, u*	*ittanapras*	*ittapras*	*itapras*	*muttaprisum*	*itaprusum*	*itaprus*
i	*ittanapqid*	*ittapqid*	*itapqid*			

ŠD	*ušparras*	*ušparras*	*šuparris*	*mušparrisum*	*šuparrusum*	------